매일 영적 성장 가이드

매일 영적 성장 가이드

초판 1쇄 펴낸 날 | 2001년 8월 20일
개정판 1쇄 펴낸 날 | 2006년 2월 20일
개정판 18쇄 펴낸 날 | 2017년 2월 20일

지은이 | 랄프 네이버 · 빌 라담
옮긴이 | 문희채
펴낸이 | 우수명
펴낸곳 | 도서출판 NCD

등록번호 | 129-81-80357
등록일자 | 2005년 1월 12일
등록처 | 경기도 고양시 일산구 장항동 578-16 나동

ISBN 978-89-89028-33-8

- 책값은 뒤표지에 있습니다.
- 잘못된 책은 구입하신 서점에서 교환해 드립니다.
- 책 내용에 대한 문의나 출간을 의뢰하는 원고는 editor@asiacoach.co.kr로 메일을 보내주십시오.

도서출판 NCD
주소 | 서울시 강남구 테헤란로 25길 30 4층 (역삼동, 한라빌딩)
주문 / 영업부 | (031) 905-0434, 0436 팩스 (031) 905-7092
본사 / 편집부 | (02) 538-0409, 3959 팩스 (02) 566-7754
한국 NCD / 지원 · 코칭 | (02) 565-7767 팩스 (02) 566-7754

종이 영은페이퍼 **출력** 대산아트컴 **인쇄** 한국소문사 **제책** 정성문화사

매일 영적 성장 가이드
Survival Kit

랄프 네이버 · 빌 라담 지음
문희채 옮김

NCD
도서출판
www.NCDKorea.com

차 례

매일 영적 성장 가이드

경고 : 그리스도인이 된다는 것은 단지 구원받기 위해 그리스도를 믿는다는 것 이상의 깊은 의미를 내포하고 있습니다.

당신이 이 경고문을 읽었을 때, 아마도 당신의 반응은 다음과 같았을지도 모릅니다. "그것 말고 좀더 새로운 것을 말씀해 주시지요. 이런 것들은 내가 그리스도인이 된 지 24시간도 안 되어 이미 알게 되었으니까요!" 또한 당신은 노력하면 할수록 영적으로 성장하고 믿음 안에서 사는 것이 더욱 힘들어진다는 것을 깨달았을지도 모릅니다. 매일 이 세상에서 살아갈 때, 구원을 받았다는 확신 이외의 모든 영적인 것은 미처 생각할 겨를도 없이 살고 있을지 모릅니다. 사탄은 당신이 영적으로 성장하고, 섬기고, 봉사하고, 효과적으로 전도하는 것을 방해하기 위하여 모든 수단을 동원할 것입니다. 또 당신이 하나님과 교제하는 것을 막고 제자로서 사는 당신의 삶을 무기력하게 만들기 원합니다. 하지만 용기를 내십시오! 영적 성장이란 '놀이의 명칭' 이 아닙니다. 그것은 당신이 원하기만 한다면 확실히 보장되는 약속입니다.

예수님께서는 십자가에서 돌아가시기 직전, 성경에 기록된 기도 중 가장 열렬한 기도를 하셨습니다. 무슨 기도였는지 아십니까? 그것은 바로 당신을 위한 기도였습니다. 예수님은 틀림없이 당신이 그 기도 내용을 알기 원하셨습니다. 왜냐하면 요한복음 17장 1~26절에 당신을 위해서 그 기록을 남겨 두셨으니까요.

이제 성경을 꺼내서 예수님이 당신에 대해서 하나님께 어떻게 말씀하셨는지, 또 하나님께서 당신을 위해서 무엇을 구하셨는지 읽어 보십시오.

자, 이제는 예수님께서 하신 말씀을 현재 시제로 바꿔서, 그 말씀이 당신 개인에게 친히 주시는 말씀이라고 생각해 보십시오. 다음의 빈칸에 당신의 이름을 쓰고, 예수님이 하나님 아버지께 당신에 대해 친히 간구하시는 그 놀라움과 경이를 느껴보십시오.

> 내가 ________ 를 위하여 비옵나니 내가 비옵는 것은 세상을 위함이 아니요 내게 주신 자들을 위함이니이다 ________ 는 아버지의 것이로소이다 내 것은 다 아버지의 것이요 아버지의 것은 내 것이온데 내가 ________ 로 말미암아 영광을 받았나이다 … 지금 내가 아버지께로 가오니 내가 세상에서 이 말을

하옵는 것은 저희로 내 기쁨을 ______ 안에 충만히 가지게 하려 함이니이다 내가 아버지의 말씀을 ______ 에게 주었사오매 세상이 ______ 를 미워하였사오니 이는 내가 세상에 속하지 아니함같이 ______ 도 세상에 속하지 아니함을 인함이니이다 내가 비옵는 것은 ______ 를 세상에서 데려가시기를 위함이 아니요 오직 악에 빠지지 않게 보전하시기를 위함이니이다 내가 세상에 속하지 아니함같이 ______ 도 세상에 속하지 아니하였삽나이다 ______ 를 진리로 거룩하게 하옵소서 아버지의 말씀은 진리니이다 아버지께서 나를 세상에 보내신 것같이 나도 ______ 를 세상에 보내었고 또 저희를 위하여 내가 나를 거룩하게 하오니 이는 저희도 진리로 거룩함을 얻게 하려 함이니이다 … 의로우신 아버지여 세상이 아버지를 알지 못하여도 나는 아버지를 알았삽고 ______ 도 아버지께서 나를 보내신 줄 알았삽나이다 내가 아버지의 이름을 ______ 에게 알게 하였고 또 알게 하리니 이는 나를 사랑하신 사랑이 ______ 안에 있고 나도 ______ 안에 있게 하려 함이니이다 (요한복음 17장 9~10, 13~19, 25~26절)

당신은 하나님과 매일 깊은 교제를 나누며 영적으로 더욱 성장하고 기쁨에 넘치는 삶을 살 수 있습니다. 하나님께서 그것을 원하시고 예수님이 그것을 가능케 하시며 성령님의 능력이 그렇게 할 수 있도록 합니다.

먼저 당신은 주님을 매일 만나기 위해 일정한 시간과 장소를 따로 정해 놓아야 합니다. 이것을 "경건의 시간"(QT: Quiet Time)이라고 부릅니다. 가능한 한 주님을 매일 같은 시간과 같은 장소에서 만나도록 계획해 보십시오. 지금 결정하시고, 아래에 시간과 장소를 써놓으십시오.

시간 : ______________________________

장소 : ______________________________

앞으로 6주 동안 이 교재에 있는 매일의 훈련과제를 경건의 시간의 지침으로 사용하십시오. 한 번에 한 과씩만 하십시오. 삶에 새로운 습관을 개발하고 강화시키는 것을 목표로 잡으십시오. 시간이 걸리는 일이지만 매일 경건의 시간을 갖는 것은 영적 성장을 위해 아주 중요하고 필수적인 것입니다.

매일 영적 성장 가이드

영적으로 성장함에 따라 당신은 많은 진리를 배우게 될 것입니다. 이 교재를 통하여 배우게 될 다섯 가지의 진리는 당신의 영적 성장에 아주 필요한 것입니다. 당신의 손이 이러한 진리를 기억하는 데 많은 도움을 줄 것입니다.

아래의 손 그림에서 어떻게 다섯 가지의 진리들이 배열되어 있는가를 보십시오. 엄지 손가락은 다른 손가락들과 협력해서 일을 합니다. 그리스도의 몸의 지체가 된다는 첫 번째 진리를 깨닫는 것은 다른 진리들을 이해하는 데 아주 중요합니다. 이 첫 번째 진리를 다른 네 가지의 진리와 잘 연결시킬 수 있는 데에 영적 성장의 여부가 달려 있습니다.

"내재하시는 그리스도, 우리의 모든 것을 주관하신다."는 것이 손의 한 가운데 있는 것을 보십시오. 영적 성장을 위하여 출발하고 또 지속적으로 나아갈 수 있는 힘은 오로지 당신의 삶을 주님께서 주관하시도록 맡기는 데서 옵니다.

당신은 경험을 통해 그리스도인이 된다는 것이 쉽지 않다는 것을 알고 있을 것입니다. 이 매일 영적 성장 가이드를 공부하면서 당신은 그리스도인으로서 살아가는 데 꼭 필요한 중요한 문제들을 어떻게 다루는지를 배우게 될 것입니다. 매주 당신은 손 그림에서 보는 한 가지의 진리에 대해 배우며 또 이 진리가 당신이 살아가면서 당면하게 되는 문제와 어떻게 연관되는지를 볼 것입니다.

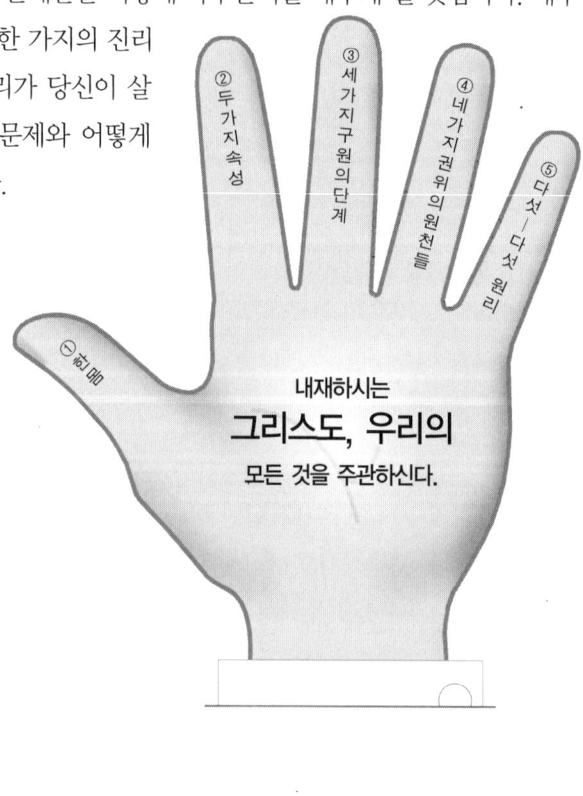

매일 영적 성장 가이드 개요

당신은 그리스도인이 된지 얼마 지나지 않아, 사탄이 온갖 수단을 동원해서 영적으로 성장하고 새 주인 되신 주님을 섬기려는 당신의 노력을 방해한다는 것을 깨달았을 것입니다. 그렇지요? 이 얼마나 무서운 일입니까! 하지만 그리스도께서는 당신을 구원하셨고 또 지속적으로 그 구원을 보장해 주시는 것과 같이, 사탄의 방해들로부터 지켜 주시고 승리하게 해 주신다는 것을 당신이 알기 원하십니다. **당신은 그리스도인으로 삶에서 승리자가 될 수 있습니다.**

예수님과 친밀한 관계를 맺는 것은 영적 성장의 기초입니다. 그 기초를 세우고 강화시키는 최선의 방법은 성경 공부와 기도, 그리고 묵상하는 가운데, 주님과 혼자만의 조용한 시간을 보내는 것입니다. 그러므로 기초를 닦는 첫 주의 주제는 **내재하시는 그리스도**가 될 것입니다.

기초를 닦은 후에는, 당신의 영적 성장을 위해 필수적인 다섯 가지의 중요한 과제들을 어떻게 다루는지 배울 것입니다. 첫 번째 과제는 당신이 새로 맺은 다른 그리스도인들과 어떻게 관계를 맺으며 살아갈 것인지를 다룹니다. 그러므로 첫째 주의 주제는 **"한 몸 : 그것의 생명과 섬김"**이 될 것입니다.

성경은, 모든 성도들은 그리스도의 몸을 이루고 있고, 교회란 그 몸의 지역적인 표현이라고 가르치고 있습니다. 영적 성장이 가장 자연스럽게 이루어지는 곳은 몸, 즉 각 교회를 이루고 있는 성도들 간의 교제입니다. **한 몸**에서 배운 것과 같이 당신의 그리스도인으로서의 삶이 지속적으로 성장하는 것은, 그리스도의 몸과 당신의 관계에 많이 좌우된다는 것을 보게 될 것입니다.

그리스도인들은 누구나 비록 승리는 확실하다 할지라도, 삶이 언제나 평탄하지만은 않다는 것을 곧 알게 됩니다. 우리가 승리했다고 생각했던 모든 것들이 다시 슬며시 들어오려고 안간힘을 쓰니까요. 그때 당신은 그리스도를 믿고 그분이 당신에게 새로운 속성을 주셨을 때 옛 속성이 아주 없어진 것이 아니라는 사실을 깨닫게 됩니다. 사탄은 당신을 넘어뜨리고 하나님과 교제하지 못하게 하려고 당신의 삶으로 다시 들어오기 위해 이 옛 속성을 이용합니다. 일생 동안 이 옛 속성은 당신의 새로운 속성과 갈등을 일으키며 공존할 것입니다. 다음으로 다루어야 할 중요한 과제는 죄와의 내적 싸움입니다. 그러므로 둘째 주의 주제는 **"두 가지 속성 : 옛 속성과 새로운 속성"** 입니다.

사탄이 당신의 삶에 다시 들어오기 위해 얼마나 재빨리 당신의 옛 속성을 이용했는지 기억하십니까? 갑자기 당신은 의심과 회의에 사로잡히게 되었습니다. "어떻게 이런 일이 생길 수 있어? 이건 이런 식으로 될 일이 아닌데! 내가 무엇을 할 수 있을까?" 당신은 친구들과 친척들을 실망시키고 싶지 않을 것입니다. 무엇보다도 하나님을 실망시키고 싶지 않을 것입니다. 그럴 때마다 당신은 자신에게 "이제 어떻게 할까?" 하고 묻지요. 이럴 때 사탄은 아주 훌륭한 속임수를 가르쳐 줍니다. "아닌 척 해봐. 네 삶에 다시 스며 들어오는 그 모든 것들을 위장해서 덮어버리고 하나님과 다른 사람들이 네게 기대하는 그런 사람인 것처럼 가장해봐."

그러나 당신이 아무리 가장한다 할지라도 당신 자신까지 속일 수는 없습니다. 당신은 곧 자신이 거짓된 삶을 살고 있다는 것을 깨닫게 됩니다. 마음속에 내적 승리가 없습니다. 사탄이 당신을 이겼다는 것을 깨닫게 되고, 자신을 위선자처럼 느끼게 됩니다. 그러므로 당신은 죄로 인한 내적 갈등이 있다는 것을 현실로 받아들이고, 그것을 다루는 방법을 꼭 배워야만 합니다. 당신이 죄로 인한 내적 갈등을 겪게 된다는 것을 이해하지 못하면 당신은 예수님과의 관계를 의심하게 되고, 그것은 곧 사탄에게 문을 열어 주는 것이 됩니다. 사탄은 당신에게 어려움을 주는 옛 속성을 가리키며 이렇게 속삭일 것입니다. "그것 봐라. 네가 정말로 구원받았다면 너는 그런 감정도 가지지 않을 것이고 그런 일도 하지 않을 것이다." 그러므로 셋째 주의 주제는 **"세 가지 구원의 단계 : 시작, 과정, 그리고 완성"** 입니다.

이 교재에서 당신은 구원에 세 가지 측면이 있다는 것을 배우게 될 것입니다. 즉, 그리스도께서 당신을 죄에서 구원하시고 당신 안에 주님으로 내재하시는 기간; 성령의 능력이 당신의 새로운 속성으로 하여금 죄의 권세와 세력으로부터 매일 승리를 얻도록 도와주시는 기간; 그리스도가 당신을 죄의 존재에서 영원히 자유롭게 해 주실 마지막 기간입니다.

네 번째 과제는 심각한 것입니다. 당신이 진리를 발견할 수 있는 올바른 권위를 이해할 때까지는, 어떻게 성도들의 공동체와 이 세상에서 믿음을 실천하며 살아갈 수 있는지에 대해 절대로 확신을 가질 수 없을 것입니다. 그러므로 넷째 주의 주제는 "**네 가지 권위의 원천들 : 세 가지 부적당한 원천들과 한 가지 적당한 원천**" 입니다.

당신은 부적당한 권위의 세 가지 원천들이 진리를 결정짓는 데 어떤 역할을 담당하고 있다는 사실을 배우게 될 것입니다. 그러나 그리스도인에게 궁극적인 권위의 원천은 하나님의 말씀, 곧 성경입니다.

당신은 전도하지 않고 잠잠히 있는 그리스도인을 만난 적이 있습니까? 만난 적이 없다면 언젠가는 그런 사람을 꼭 만나게 될 것입니다. 당신은 그런 사람들이 그리스도가 자신들에게 행하신 일들을 왜 남들에게 전하고자 하는 의욕이 전혀 없는지 의아해할지도 모릅니다. 당신은 '잠잠한 그리스도인의 증상' 에 걸리지 않는 방법을 배워야 합니다. 그러므로 다섯째 주의 주제는 "**다섯-다섯 원리: 기도와 증거로 전도함**" 입니다. 말로 전도하지 않는 그리스도인들은 복음을 효과적으로 전하지 못하고 있는 것입니다. 그들이 교회에서 아무리 분주하게 일한다 하더라도, 그리스도인으로서의 삶은 열매를 맺지 못하는 과일 나무와도 같은 것입니다. 이 교재의 다섯-다섯 원리를 통하여 당신은 어떻게 '잠잠한 그리스도인' 이 되는 것을 방지할 수 있는지를 배우게 될 것입니다.

자, 그러면 이제 시작해 보시지요!

어떻게 경건의 시간을 가질 것인가?

요한일서 4장 13-16절을 읽으세요

당신은 주일에만 식사하면서 건강하기를 기대할 수 있습니까? 물론 아닙니다! 그렇게 하면 아마 오래 살지 못할 것입니다. 마찬가지로 당신이 주일날만 영적으로 영양을 공급한다면 영적으로 건강하리라고 생각할 수 있습니까? 매일 경건의 시간을 갖는 것은 당신에게 꼭 필요한 영의 양식을 규칙적으로 공급할 수 있게 해줍니다. 매일, 혼자서 그리스도와 함께하는 시간을 가져야만 합니다. 당신은 그 결과에 만족하게 될 것입니다. 당신은 주님과의 건강한 관계를 가짐으로 기쁨을 맛보게 될 것입니다.

8쪽에 있는 손 그림을 다시 한 번 보십시오. 손의 가운데 부분은 **"내재하시는 그리스도, 우리의 모든 것을 주관하신다"**라는 것을 기억하십시오. 매일 경건의 시간을 갖는 것이 절대적으로 중요한 이유는, 바로 그렇게 함으로써 당신의 영적 생명의 근원 되시는 예수 그리스도를 정규적으로 만날 수 있기 때문입니다.

이제 솔직한 자기 평가를 해 보십시오. 자신의 경건의 시간을 가장 잘 묘사한다고 생각되는 곳에 표시해 보십시오.

○ 나는 매일 경건의 시간을 가지고 있으며, 지금 이 상태로 만족한다.
○ 나는 매일 경건의 시간을 가지고 있으나, 지금 상태보다 더 의미 있는 시간이 되도록 해야 할 것 같다.
○ 나는 경건의 시간을 규칙적으로 가지고 있지도 못하며, 그 시간조차 의미 있게 보내지 못하고 있는 것 같다.
○ 나는 경건의 시간을 전혀 가지고 있지 않지만, 앞으로 가져야겠다고 느끼고 있다.

만약 당신이 첫 번째에 표시할 수 없었다면, 다음의 지침서가 경건의 시간을 갖기 시작하고 또 더 효과적으로 할 수 있도록 도움을 줄 것입니다.

1. 경건의 시간을 위한 특정한 시간과 장소를 가지십시오.

경건의 시간을 주님과의 약속의 시간이라고 생각하십시오. 당신이 의사에게 갈 때 약속을 하고 가는 것처럼, 주님과의 약속도 특정한 시간과 장소를 정해야 합니다. 그리스도와의 약속이라는 것을 기억하십시오. 주님께서 당신을 기다리고 계실 것입니다. 이렇게 생각할 때, 경건의 시간이 좀 더 특별하게 생각되지 않으십니까? 예수님께서 약속된 시간과 장소에서 당신을 기다리고 계신다는 것을 기억하기만 한다면, 경건의 시간을 생활의 최우선순위로 삼기가 쉬워지지 않겠습니까? 가능하다면 하루를 시작하는 아침 시간으로 하는 것이 좋습니다. 그리스도와 함께 시작한다면 당신의 하루가 달라질 것입니다.

2. 계속해야 합니다.

그저 어쩌다 한 번 씩 생각날 때만 주님과 만난다면, 주님과 함께 시간을 보내는 것을 진지하게 생각하고 있는 것이 아닙니다. 컴퓨터 사용자들의 표현 중에 "쓰레기를 넣으면 쓰레기가 나온다."는 말이 있습니다. 그것은 컴퓨터에 그릇된 자료를 입력하면 그릇된 결과를 얻게 된다는 말입니다. 당신이 세상을 살아갈 때도 이와 같습니다. 하루를 경건의 시간으로 시작하는 것은, 그리스도를 그날 당신의 주님으로 모시도록 당신 스스로를 준비시키는 것입니다.

경건의 시간을 갖는 훈련이 잘 된 후에는, 당신의 신앙일지를 적거나 배우고 경험한 것들을 기록해 놓을 작은 노트를 준비하는 것도 좋을 것입니다.

3. 성경과 필기도구를 준비해야 합니다.

이 교재를 공부하기 위해서는, 일주일에 닷새 동안은 이 두 가지가 꼭 필요합니다. 나머지 이틀은 성경과 그 밖에 당신의 교회에서 사용하는 다른 교재들(주일학교 교재나 주석 등)을 사용하는 것이, 배우면서 영적으로 성장하는 데 도움이 될 것입니다. 경건의 시간을 갖는 훈련이 잘 된 후에는, 당신의 신앙일지를 적거나 배우고 경험한 것들을 기록해 놓을 작은 노트를 준비하는 것도 좋을 것입니다.

4. 경건의 시간을 기도로 시작하십시오.

그리스도께 마음 문을 여십시오. 공부하고 묵상할 때 주님께서 당신을 가르치고 훈련하고 인도해 주시도록 구하십시오. 당신이 얼마나 주님을 사랑하는가를 고백하고 염려를 주님께 다 털어놓으십시오.

5. 주님께서 당신에게 말씀하시도록 기다리십시오.

성경 읽기가 언제나 경건의 시간의 가장 중요한 부분이 될 것입니다. 그러나 기도하고 간단히 성경을 읽는 것만으로는 충분하지 않습니다. 하나님의 말씀을 묵상할 때에 그리스도께서 당신에게 말씀하시도록 잠잠히 기다리는 시간을 가져야 합니다.

6. 그날 해야 할 확실한 계획들을 세우고, 경건의 시간을 마치십시오.

그리스도께서 그날 경건의 시간을 통해서 당신에게 깨닫게 해 주신 것들을 구체적으로 어떻게 실천할 것인가를 결정하십시오. 이렇게 하는 것은 당신의 믿음을 생활 가운데로 연결시켜 주는 실질적인 방법입니다.

우선 오늘의 경건의 시간을 지금 당장 가지십시오.

그의 성령을 우리에게 주시므로 우리가 그 안에 거하고 그가 우리 안에 거하시는 줄을 아느니라 아버지가 아들을 세상의 구주로 보내신 것을 우리가 보았고 또 증거하노니 누구든지 예수를 하나님의 아들이라 시인하면 하나님이 저 안에 거하시고 저도 하나님 안에 거하느니라

7. 기도하십시오.

하나님께 당신의 사랑을 고백하십시오. 그리스도를 통해서 당신에게 그분의 생명을 주신 것을 감사하십시오. 오늘 당신의 삶에서 주님의 도움이 꼭 필요한 기도제목들을 아뢰고, 세상을 살아갈 때 주님께서 당신을 통해서 역사하시도록 구하십시오.

8. 요한일서 4장 13~16절의 말씀을 읽으십시오.

> 그의 성령을 우리에게 주시므로 우리가 그 안에 거하고 그가 우리 안에 거하시는 줄을 아느니라 아버지가 아들을 세상의 구주로 보내신 것을 우리가 보았고 또 증거하노니 누구든지 예수를 하나님의 아들이라 시인하면 하나님이 저 안에 거하시고 저도 하나님 안에 거하느니라 하나님이 우리를 사랑하시는 사랑을 우리가 알고 믿었노니 하나님은 사랑이시라 사랑 안에 거하는 자는 하나님 안에 거하고 하나님도 그 안에 거하시느니라

이제는 방금 읽은 말씀을 묵상하며 하나님께서 당신에게 영양을 공급해 주시도록 하십시오. 당신이 읽은 성경구절 안에 있는 뜻을 소화시키는 한 가지의 방법은, 그 구절들을 당신 자신의 말로 다시 써보는 것입니다. 이렇게 함으로써 당신은 읽은 구절들을 이해했는지 못했는지를 알 수 있습니다. 요한일서 4장 13~16절을 이제 당신 자신의 말로 써 보십시오.

성경구절을 묵상하는 또 하나의 방법은 그 구절의 내용에 관해 당신 자신에게 질문해 보는 것입니다. 요한일서 4장 13~16절을 가지고 지금 질문해 보십시오. 어떤 질문은 쉽게 명확한 답을 찾기가 어려울 수 있지만, 걱정하지 마십시오. 당신의 묵상을 돕기 위한 일반적인 질문일 뿐입니다. 각각의 구절들은 당신에게 각각 다른 진리들을 가르쳐 줄 것입니다. 그러므로 모든 질문마다 다 답이 있지 않을 수도 있습니다. 혹은 하나님께서 지금은 모든 질문에 대한 답을 주시지 않고, 당장 당신이 깨달아야 할 부분만 보여 주실지도 모릅니다. 마음 문을 활짝 열고 당신이 찾고자 하는 답을 성령님께서 가르쳐 주실 것을 믿으십시오.

■ **(1) 나의 믿음과 (2) 나의 감정과 (3) 나의 행실에 영향을 줄 어떤 진리가 존재하는가?**

어떻게 경건의 시간을 가질 것인가?

■ 내가 따라야 하거나 혹은 피해야 할 어떤 본보기가 있는가?

■ 복종해야 할 어떤 명령이 있는가?

■ 구해서 얻어야 할 어떤 약속이 있는가?

당신은 그리스도인으로서, 하나님 아버지께서 예수 그리스도를 당신의 주요, 구세주로 보내신 것을 친히 경험하였습니다. 이제 요한일서 4장 13~16절의 말씀을 통하여 하나님께서 가르쳐 주신 진리를 생활 가운데 어떻게 실천함으로 주님께 순종하시겠습니까? 오늘 배운 진리 중에서 오늘 당신의 생활에 적용해 보고자 하는 것 중 적어도 한 가지에 대해 구체적으로 기록하고 오늘 경건의 시간을 마치십시오.

제 2 과

그리스도인으로서 성장하기 위해 성경을 어떻게 사용하는가?

시편 119편 11, 15~16절과 40편 8절을 읽으십시오.

당신은 매일 경건의 시간을 가질 때에 성경에 중점을 두어야 합니다. 하나님의 말씀을 읽고 묵상하는 가운데, 내재하시는 그리스도께서 당신의 마음에 말씀하실 것입니다. 이 교재를 공부해 나가는 동안, 언제나 매일 매일의 과제를 시작할 때에 주어진 구절을 읽으십시오. 그런 다음에는 전날 공부한 질문을 이용해서 그 구절들을 묵상하십시오.

좋은 주석 성경을 가지고 계십니까? 만약 없다면 좋은 것으로 한 권 장만하십시오. 당신의 영적 성장을 위해서 아주 좋은 투자를 하는 것입니다.

성경 속의 각 책과 장, 절 등을 찾는데 어려움을 겪으실지도 모르겠습니다. 하지만 괜찮습니다. 당신 주위의 많은 성도들도 같은 어려움을 가지고 있습니다. 성경 앞에 있는 목차를 이용해서 원하는 곳을 쉽게 찾으십시오.

오늘의 구절은 시편입니다. 시편 전체를 한 번 훑어보시고, 장(chapters : 큰 글자)과 절(verses : 작은 글자)이 어떻게 배열되어 있는가를 눈여겨보십시오. 시편 119편 11절을 찾아서 읽으십시오. 이 시편의 기자는 하나님의 말씀을 어디에 간직했다고 말했습니까?

____

____

우리가 무엇을 '암송했다' 는 말은 그것을 '마음 속에 간직했다' 는 말과 동일합니다. 시편 119편 11절에 보면, 기자는 하나님의 말씀을 간직한 곳이 바로 '마음 속' 이라고 말하고 있습니다. 같은 11절의 앞부분에 보면 성경 암송의 중요한 가치에 대해 말하고 있습니다. 그것은 무엇입니까?

____

____

하나님의 말씀을 암송하는 것은 당신이 하나님께 범죄하는 것으로부터 예방해 줍니다. 이제는 시편 40편 8절을 찾아 읽으십시오. 만약 당신 가까이 성경이 없다면, 위급할 때 어디에서 성경말씀을 공급받을 수 있습니까?

____

____

시편 119편을 다시 찾아서 15~16절을 읽으십시오. 이 구절들을 하나님의 말씀을 암송하는 훈련을 쌓아나갈 때 당신에게 일어날 어떤 변화에 대해 말하고 있습니다. 당신에게 무슨 변화가 일어날지 당신 자신의 말로 기록해 보십시오.

하나님의 말씀을 암송함으로써 더 큰 기쁨을 가지고 살아갈 수 있다는 것이 신나지 않습니까? 당신은 주변의 다른 일들을 기억하듯이 하나님의 말씀도 쉽게 암송할 수 있습니다. 아래 있는 것들 중 당신이 필요할 때 기억할 수 있는 것들에 표시해 보십시오.

○ 전화 번호들	○ 길 이름들
○ 집 주소들	○ 사람 이름들
○ 약속 날짜들	○ 신분증 번호들
○ 수학 공식들	○ 성경구절들
○ 단어 철자들	

이 교재에서 **'성경 암송을 정기적인 생활 습관으로 삼으십시오'** 라는 말보다 더 영적 성장에 중요한 말은 없습니다. 당신은 성경을 쉽게 암송할 수 있습니다. 당신의 성경 암송의 훈련을 돕기 위해 이 교재 뒤에 성경구절들이 적혀 있습니다. 이 카드들은 주머니에 넣고 다닐 정도의 크기이므로 잘라서 사용하십시오. 처음 암송해야 할 구절은 시편 119편 11절입니다. 왜 성경구절을 써 있는 그대로 외워야 할까요? 다음의 네 가지 이유 때문입니다.

- 성경구절을 애매하게 요약해서 외우는 것보다 써 있는 그대로 외우는 것이 쉽습니다.
- 성경구절을 당신 자신에게 되풀이해서 말할 수 있으면 묵상하기가 쉽습니다.
- 성경구절을 외우고 있으면 당신이 시험당할 때나 다른 사람들에게 전도할 때, 그리고

신앙을 다른 사람들에게 설명할 때 자신감을 줍니다.

- 무엇보다도 주님께서 그분의 말씀을 당신이 알기 원하십니다.

그 이외의 다른 이유가 생각나면 적어 보십시오.

지금 당장 시작하십시오. 매일의 과제에 해당하는 구절들을 잘라서 사용하십시오. 넷째 주까지는 매주 새로운 구절 하나씩을 더할 것이고, 마지막 두 주는 매주 두 구절씩 암송하게 될 것입니다. 이 암송구절들을 눈에 잘 띄는 장소에 붙여 놓으십시오. 예를 들면 부엌의 개수대 위에나 화장실 거울 위에, 작업실이나 책상, 혹은 전화기 옆 등 어디나 당신이 항상 생활하는 곳이어야 합니다. 약간의 계획과 노력만 기울이면, 당신이 지금 매일 낭비하고 있는 잠깐 동안의 시간이라도 이용할 수 있다는 것을 알게 될 것입니다. 옷을 입는다던가 차 속에서, 혹은 걸을 때나 기다릴 때, 또 잠깐 휴식을 취할 때라도 할 수 있습니다. 지금 당장 멈추고 암송구절을 붙여 놓을 수 있는 장소를 생각해 보십시오.

암송한 구절들을 정기적으로 복습하십시오. 이미 암송한 것들을 복습하는 것은 기억력을 강화시키는 데 도움이 됩니다. 복습할 때는 카드를 뒤집어서 적혀 있는 성경부분의 장과 절수를 보고 한 번 암송해 본 뒤에, 다시 뒤집어서 과연 정확하게 외웠는지 확인하십시오. 정확하게 외운 구절의 카드는 옆에 놓고 정확하게 암기하지 못한 카드는 밑에 넣어서 다시 복습하는 것도 좋습니다.

성경은 당신이 그리스도인으로서 살아가는 길잡이가 되는 권위의 원천입니다. 필요할 때 성경말씀이 있다는 것은 아주 중요합니다. 그러나 당신이 정말 성경말씀을 가장 필요로 할 때 성경책이 가까이 없을지도 모릅니다.

이제 성경말씀을 정기적으로 암송할 결심을 하셨습니까? 그렇다면 아래의 빈칸에 당신 자신의 말로 그리스도께 이 결심을 알려드리는 개인적인 편지를 써보십시오.

BIBLE AS A SOURCE OF GHRISTIAN GROWTH

친애하는 예수님께,

이제는 당신의 암송을 돕도록 성경 암송 카드를 놓아둘 수 있는 장소 네 곳을 적어 보십시오.

기도는 어떻게 하는가?

마태복음 6장 9~13절을 읽으십시오.

기도하는 것을 어떻게 느끼십니까? 하나님께 말씀을 드린다는 것이 쉽고 자연스럽게 느껴집니까? 혹은 기도하려고 노력하는 것이 주저되고 거북하게 느껴집니까? 당신이 만약 큰 소리로 공중기도를 하도록 부탁을 받았다면 거북하게 느낄지도 모르겠습니다. 다음의 문장들을 읽고 혹시 당신이 기도하려고 할 때와 유사한 느낌을 표현한 문장이 있는지 살펴보십시오.

- 나는 하나님께 하지 말아야 될 말을 하거나 하지 말아야 할 부탁을 할까봐 두렵다.
- 나는 개역 성경에 있는 것 같은 고전적이고 엄숙한 말로 기도할 수 없다.
- 나는 다른 사람들처럼 아름답고 멋진 기도를 할 수 없기 때문에 부끄러움을 당할까봐 두렵다.

당신은 가장 가까운 친구에게 말하는 데 문제가 있습니까? 그 친구에게 말할 때 어떻게 느낍니까? 아주 가깝고 믿을 수 있는 친구에게 말할 때 좋은 점들을 열거해 보십시오. 또 그런 좋은 친구를 가진 데 대한 당신의 느낌을 적어 보십시오.

___

___

___

예수님의 제자들이 어떻게 기도해야 할지 방법을 가르쳐 달라고 요청했을 때, 예수님께서는 우리가 흔히 '주기도문' 이라고 부르는 기도를 가르쳐 주셨습니다. 오늘의 암송구절이 바로 그것입니다. 아직 그 구절을 읽지 않았다면 지금 읽으십시오. 성경의 목차를 보고 찾든지, 아니면 성경의 뒤쪽에서부터 사분의 일 가량 되는 곳을 열어 보십시오.

예수님께서는 우리가 기도할 때, 하나님을 어떻게 부르라고 말씀하셨습니까? 적어 보십시오.

___

___

LEARNING TO PRAY

만약 당신의 아버지가 당신과 가장 절친한 친구와도 같을 뿐만 아니라 이 세상에서 가장 완벽한 아버지라면, 그런 아버지께 말씀 드릴 때 당신은 어떻게 느낄 것 같습니까? 자, 하나님은 바로 당신의 아버지입니다. 당신을 지극히 사랑하시고, 당신의 복지나 행복이나 유익을 위한 것이라면 이 세상에서 어떤 일이라도 다 해주실 만큼 완벽한 아버지입니다. 당신은 언제나 자유롭고 솔직하게 그분께 말할 수 있습니다. 당신에 관한 모든 것을 다 아시며 당신을 있는 모습 그대로 사랑하십니다. 마치 어린아이가 온전하고 사랑이 많은 인자한 아버지에게 말하듯, 당신도 그렇게 말하기를 간절히 원하십니다. 그분은 당신이 멋진 문구나 유창한 언변으로 말할 것을 기대하지 않으십니다. 그저 당신 자신의 말로 솔직히 마음을 열고 기도하는 것을 원하십니다.

또한 예수님께서는 제자들이 무엇에 관해 기도해야 할지도 가르쳐 주셨습니다. 우리가 꼭 이것들만 기도해야 하는 것은 아니지만, 이 기도의 주제들을 살펴보는 것은 시작하는 데 도움이 됩니다. 아래의 도표에서 주기도문의 주제가 왼편에 나열되어 있습니다. 성경의 마태복음 6장 9~13절을 펴고 빈칸에 이 '모범기도'를 한 번 써보십시오. '하늘에 계신 우리 아버지'라는 말로 시작하십시오. 기도 전체를 써 나갈 때, 왼쪽 칸에 있는 주제에 맞추어 적어 보십시오.

주기도문의 주제	주기도문
하나님을 올바로 칭한다.	
하나님의 이름에 경의를 표한다.	
우리 자신들과 지구상의 모든 만물이 하나님의 계획 아래 있음을 인정한다.	
하나님께 우리의 필요한 것들과 부족한 것들을 채워 달라고 구한다.	
하나님께 용서를 구한다.	
하나님께서 우리를 돌보아 주실 것을 부탁드린다.	
하나님께서 우리를 주관하시는 것이 우리의 가장 큰 소망임을 말씀드린다.	
기도의 끝을 잘 맺는다.	

기도는 어떻게 하는가?

이제 답을 맞추어 보기 위해 다음의 윤곽을 살펴봅시다. 아래에서 보는 것과 같이, 마태복음 6장 9~13절에서 주기도문의 절수와 주제들을 비교해 보십시오.

- 하나님을 올바로 칭한다(9절)
- 하나님의 이름에 경의를 표한다(9절)
- 우리 자신들과 지구상의 모든 만물이 하나님의 계획 아래 있음을 인정한다(10절)
- 하나님께 우리의 필요와 부족한 것들을 채워달라고 구한다(11절)
- 하나님께 용서를 구한다(12절)
- 하나님께서 우리를 돌보아 주실 것을 부탁드린다(13절)
- 하나님께서 우리를 주관하시는 것이 우리의 가장 큰 소망임을 말씀드린다(13절)
- 기도의 끝을 잘 맺는다(13절)

당신은 기도함으로 오늘의 과제를 마치게 될 것입니다. 우선 당신의 생각을 정돈하고 나서, 무엇을 하나님께 말씀드리고 싶은지 결정하십시오. 오늘 배운 주기도문을 지침으로 사용하십시오.

마태복음 6장 9~13절의 주제와 각 절수들을 연결해 보니 이제 뜻이 더 명확하게 깨달아지지 않습니까? 위의 주제 요약에서 본 것처럼, 어느 한 주제만으로도 하나의 기도가 될 수 있습니다. 때에 따라 당신은 어느 한 가지 주제에 대해 다른 것들보다 더 기도해야 할 필요를 느낄 것입니다.

기도하는 방법을 배우는 가장 좋은 방법은 기도하는 것입니다. 이제 곧 당신은 기도함으로 오늘의 과제를 마치게 될 것입니다. 우선 당신의 생각을 정돈하고 나서, 무엇을 하나님께 말씀드리고 싶은지 결정하십시오. 오늘 배운 주기도문을 지침으로 사용하십시오. 하나님께 경의를 표하고 영광을 돌려드리기 위해서 어떤 말씀을 드리겠습니까?

____

____

____

____

____

____

당신의 삶과 당신의 세계 중 어떤 부분을 오늘 하나님께서 주관하시도록 맡기시겠습니까?

하나님께 용서를 구해야 할 것이 있습니까? 무엇입니까?

오늘 당신의 삶 가운데 하나님의 보호를 필요로 하는 부분이 있습니까?

오늘 당신의 삶을 주관하시는 분이 하나님이심을 인정해 드리기 위해 어떻게 말하고 행동하시겠습니까?

자, 이제 위에 적은 것을 바탕으로 오늘의 과제를 기도로 마치십시오.

당신에게 일어난 변화를 이해하기

고린도후서 5장 17절과 골로새서 1장 21~22절, 27절을 읽으십시오.

매일매일 경건의 시간을 가지면서 당신은 삶에 어떤 변화가 일어나고 있다는 것을 알게 될 것입니다. 고린도후서 5장 17절은 이 변화에 관해 이야기하고 있습니다. 지금 성경에서 이 구절을 찾아 읽어 보십시오.

고린도후서 5장 17절은 당신이 그리스도인이 된 후에 일어난 변화를 세 가지로 말하고 있습니다. 다음 문장들을 완성해 보십시오.

- 당신의 ________________ 은 지나가고
- 당신의 ________________ 은 새 것이 되었습니다.
- 이 모든 변화는 ________________ 으로 이루어졌습니다.

그렇습니다. 그리스도는 당신의 옛 삶과 새로운 삶에 변화를 가져왔습니다. 골로새서 1장 21~22절은 이런 변화의 이유에 관해 이야기하고 있습니다. 그리스도는 이제 당신 안에 거하시고 또 주관하고 계십니다. 지금 그 구절들을 찾아 읽으십시오.

골로새서 1장 21절에 의하면, 그리스도인이 되기 전 당신의 행실은 어땠습니까? 해당되는 곳에 밑줄을 그어 보십시오.

우호적이었다	**멀리 떠나 있었다**	**적대적이었다**
평화로웠다	**조화를 잘 이루었다**	**원수가 되어 있었다**

골로새서 1장 21절에 의하면, 우리가 그리스도인이 되기 전에 하나님께서는 우리의 행실과 생각을 어떻게 보셨습니까?

사악하다　　**듣지 않는다**　　**용서할 수 있다**　　**죄가 많다**

당신은 아마도 자신이 그렇게까지 나쁘지 않았다고 생각할지도 모릅니다. 그리고 성경이 당신의 관계를 그렇게 적대적이고, 소외되고 원수 되었다고 묘사하는 것이 불편하게 느껴질지도 모릅니다. 또한 하나님이 보시기에는 당신의 생각과 행실이 사악하고 죄 많은 것이었다는 사실에도 과히 마음이 편치 않을 것입니다. 당신의 그 불편하고 당황스러운 기분이, 바로 하나님께서 과거의 그런 모습에도 불구하고 당신을 사랑하시고 또 구원해 주셨다는 데 대해 더 감사해야 할 이유가 됩니다.

그리스도인이 된 이후에, 당신은 전에는 재미있게 즐기던 것들이 더 이상 즐겁지 않게 된 것들이 있을 것입니다. 이제 그리스도가 당신의 주님이 되신 후, 그런 것들이 어쩐지 재미없고 시시하게 느껴지지 않습니까? 왜 그렇습니까? 하나님께서 당신을 변화시키고 계시기 때문입니다. 골로새서 1장 22절에서는 이 변화를 세 가지로 표현하고 있습니다. 성경에서 찾아서 적어 보십시오.

1. ______________________________

2. ______________________________

3. ______________________________

당신은 하나님께서 과거의 악한 옛 행실에서 떠나서 하나님께로 향하도록 구별시켜 주셨기 때문에 거룩합니다.

'거룩하다' 는 단어를 찾으셨습니까? 아마 당신은 자신을 절대로 '거룩한' 사람이라고 생각해 본 적이 없을지도 모릅니다. 혹은 다른 사람들이 흔히 잘못된 인식을 가지고 부르는 소위 '거룩한' 사람이 되고 싶지 않았을지도 모릅니다. 성경에서 말하는 '거룩하다' 는 말은 우리에게 세 가지의 의미로 적용해서 쓸 수 있습니다. 첫째, 그것은 하나님이 계시는 장소를 나타내거나 그러한 장소와 연관된 사람들 혹은 하나님 자신을 가리킵니다. 둘째, 하나님께 속한 사람들의 순수함과 경건함을 말합니다. 셋째, 하나님의 임재로 인하여 구별되어진 장소나 물건 또는 사람들을 묘사할 때 쓰입니다. 당신은 하나님께서 과거의 악한 옛 행실에서 떠나서 하나님께로 향하도록 구별시켜 주셨기 때문에 거룩합니다. 하나님은 당신의 옛 행실과 또 그런 행실을 그리워하는 욕구조차 없애 주시고 당신 안에 새로운 순결함을 창조해 주셨습니다.

암송카드를 가지고 이번 주의 성경말씀을 외우고 있습니까? 교재 뒤에 있는 카드를 잘라서 항상 볼 수 있는 곳에 놓으십시오. 또 언제나 가지고 다니면서 잠깐이라도 틈이 날 때 복습하십시오. 이미 잘라놓은 카드에 매주 새 것을 더해 나가십시오.

당신은 이미 고린도후서 5장 17절을 통해서 당신의 삶에 왜 변화가 생기고 있는

당신에게 일어난 변화를 이해하기

지를 보았습니다. 만약 당신이 불신자에게 자신의 경험을 이용해서 그 구절을 설명하려고 한다면 어떻게 하시겠습니까? 시간을 두고 생각해 보십시오. 그리고 그 설명을 간단히 적어 보십시오.

이제 골로새서 1장 27절을 보십시오. 이 구절의 끝 부분에는, 누가 당신의 옛 행실을 새로운 행실로 변화시켜 주고 있는지를 나타내고 있습니다. 이 구절에 의하면 지금 그리스도는 어디에 계십니까?

'너희 안에' 계시다는 말은 이 교재의 손 그림 가운데 부분에 어떤 가르침을 써넣어야 한다고 생각합니까? 옆의 손 그림에 적어 보십시오.

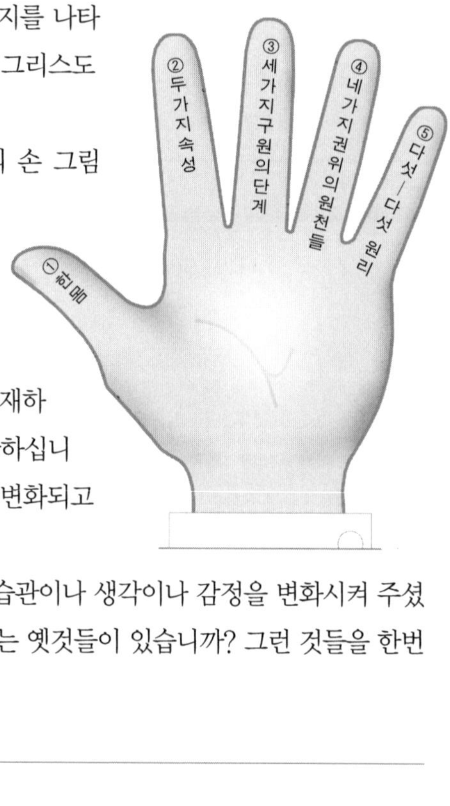

그리스도는 '당신 안에' 계십니다. "내재하시는 그리스도는 우리의 모든 것을 주관하십니다." 그렇기 때문에, 당신의 삶은 매일 변화되고 있습니다.

그리스도께서 당신의 삶 가운데 어떤 습관이나 생각이나 감정을 변화시켜 주셨습니까? 이제 재미없고 시시하게 느껴지는 옛것들이 있습니까? 그런 것들을 한번 적어 보십시오.

그러나 옛 행실들은 변하기 쉽지 않습니다. 당신은 그리스도인으로 거듭난 후, 버려야한다고 생각되는 옛 습관이나 생각, 감정 등이 자꾸 되살아나기 때문에 아직도 갈등을 겪고 있을지도 모릅니다. 골로새서 1장 22절을 묵상하십시오. 당신의 주인 되신 그리스도께서 오늘 당신에게 버리기를 원하시는 습관이나 욕구나 감정 등이 있는지 보여주시도록 기도하신 후 아래에 그것들을 적어 보십시오.

만약에 옛 것을 벗어버리고 승리하는 것이 쉽다면 당신은 이미 오래 전에 그 승리를 거두었을 것입니다. 그러나 그리스도께서는 당신이 승리할 수 있도록 힘을 주실 것입니다. 동시에 그분이 주시는 능력을 사용할 때는, 당신 자신의 힘으로 할 때와는 다른 방법을 사용해야 합니다. 지금 잠깐 멈추고 성령님께 마음 문을 여십시오. 과거의 행실에 무엇을 더해야 하는지, 또는 어떻게 바꾸어야 하는지 가르쳐 주시도록 기도하십시오. 그리고 다음 문장을 완성하십시오.

나는 나의 삶 가운데 아직도 버리지 못하고 갈등하고 있는 옛 행실에 대해 승리할 수 있는 힘을 그리스도께서 주실 것을 믿습니다.

나는 나의 삶 가운데 아직도 버리지 못하고 갈등하고 있는 옛 행실에 대해 승리할 수 있는 힘을 그리스도께서 주실 것을 믿습니다. 그리고 그 주시는 능력을 잘 사용하기 위해 지금까지는 한번도 해 본적이 없는 다음과 같은 일들을 새로이 시작하겠습니다.

나는 지금까지 해왔던 일들을 이제부터는 다음과 같이 변화시켜 보겠습니다.

선택을 위한 기본적인 원리

고린도전서 10장 31절과 로마서 14장 7~8절을 읽으십시오.

그리스도인의 신앙에는 무엇은 해야 하고 무엇은 하지 말아야 한다는 법칙들이 많은 것이 아닙니다. 그리고 그런 말을 하는 사람들을 주의해야 합니다.

대신에 성경은 우리가 살아가는 동안 선택해야 할 간단한 원리들을 가르쳐 주고 있습니다. 이것을 고린도전서 10장 31절에서 찾을 수 있습니다. 이 구절을 읽고 그러한 원리들을 찾아 당신 자신의 말로 써 보십시오.

____

____

____

당신이 쓴 것은 다른 사람들이 쓴 것과 똑같지 않을 수 있습니다. 당신 자신의 말로 쓴 것이기 때문입니다. 올바른 선택이란 하나님께 영광을 돌리는 것이라는 내용만 있으면 됩니다. 이제는 성경을 조금만 앞으로 넘겨서 로마서 14장 7~8절을 읽으십시오. 이 구절들은 다 사도 바울이 쓴 것입니다. 그는 여기서 그리스도인들이 해야 하는 행동들에 관하여 설명하면서 특히 다음의 두 가지를 강조하고 있습니다.

- 우리의 행동은, 지금 우리가 그리스도 안에서 살고 있다는 사실이 표현되어야 한다.
- 우리는 모두 하나님께 영광 돌리는 삶을 살아야 한다.

이제는 성경에 등장하는 사람들이 과연 하나님께 가장 영광 돌리는 선택을 했는가를 살펴 봅시다. 사도행전에 보면 초기 그리스도인들이 자신의 소유를 팔아 다른 그리스도인들의 필요를 채워주기 위해 사용한 것을 알 수 있습니다. 사도행전 4장 32절부터 5장 2절까지를 읽고 아나니아와 삽비라라는 두 사람은 어떤 선택을 했는지 보십시오. 그리고 그들이 이러한 선택을 했더라면 하나님께 영광을 돌릴 수 있었으리라고 생각되는 문장에 표시해 보십시오.

○ 아나니아와 삽비라가 판 것은 처음부터 그들의 소유였기 때문에, 그들의 선택은 정당한 것이었다. 그들은 억울하게 벌을 받았다.

○ 아나니아와 삽비라는 모든 것을 다 내놓아서 오해를 받지 않도록 했어야만 했다.

○ 아나니아와 삽비라는 판 값의 일부를 자신들의 급한 필요에 쓸 수 있도록 허락을 받았어야 했다.

요한복음 4장 4~42절에는 예수님을 믿기로 선택하고 동네로 들어가서 모든 사람들에게 예수님에 대해 말한 사마리아 여인의 이야기가 나옵니다. 이 구절들을 읽어 보십시오. 그리고 하나님께 가장 영광을 돌렸으리라고 생각되는 곳에 표시해 보십시오.

○ 이 사마리아 여인은 자기의 사회적 신분을 깨닫고 이러한 결정을 내리기 전에 성읍의 장로들과 먼저 상의를 했어야만 했다.
○ 이 여인은 하나님께 가장 영광을 돌리는 선택을 했다.
○ 이 여인이 예수님의 종교를 존중해 드리는 것은 좋았지만, 동시에 모든 사람들은 각자 자기의 종교에 충실해야 한다는 것도 알았어야 했다.

그리스도인이 된 순간부터 당신은 그리스도인으로서 행도하기 위해 끊임없이 어떤 선택을 해야만 했을 것입니다.

사도행전 10장 9~16절에는 베드로가 환상 중에 유대인의 전통에 금지되어 있는 부정한 동물들을 잡아먹으라는 하나님의 명령을 받는 이야기가 나옵니다. 이 구절들을 읽어 보십시오. 그리고 어느 것이 하나님께 가장 영광을 돌릴 수 있는 선택이었는지 표시해 보십시오.

○ 베드로가 부정한 음식을 먹지 않겠다고 한 것은 옳은 선택이었다. 하나님께서는 그의 순종을 시험하셨을 수도 있다.
○ 베드로는 하나님의 명령에 아무 주저함이 없이 순종했어야 했다.
○ 베드로는 그가 어떻게 행해야 할지를 이해할 수 있도록 하나님께 이 환상의 의미를 설명해 주시도록 부탁드렸어야 했다.

위의 모든 예화에서 당신이 두 번째 답에 표시했기를 바랍니다. 그리스도인이 된 순간부터 당신은 그리스도인으로서 행동하기 위해 끊임없이 어떤 선택을 해야만 했을 것입니다. 내재하시는 그리스도가 당신의 삶 가운데 가장 잘 나타나시도록 하는 것이 언제나 가장 좋은 선택입니다. 그러나 과연 어떤 것이 최선의 선택인지를 아는 것은 언제나 그리 쉬운 일만은 아닙니다.

최근에 당신이 내렸던 결정 중에서 힘들었던 것을 생각해 보십시오. (예를 들면 내가 교회에서 또 다른 사역을 맡아야 할지 말아야 할지, 친구들의 잡담에 끼어 들어야 할지 말아야 할지, 또는 당장 급한 곳에 지출하기 위해서 교회 헌금을 줄여야 할 것인지 등등)

____

____

이제는 그런 상황에서 당신이 택할 수 있었던 선택의 종류를 적어도 세 가지 이상 적되, 당신이 실제로 택한 것을 제일 처음에 적으십시오.

1. ______________________________________
2. ______________________________________
3. ______________________________________
4. ______________________________________

하나님은 사랑과 이해가 많으셔서 우리가 실수할 때에도 사랑해 주시고, 또 이런 우리의 실수까지도 사용하셔서, 우리를 더 강한 그리스도인으로 성장하도록 도와주기를 원하십니다.

이제는 당신이 나열한 위의 여러 가지 선택 중에서 하나님께 가장 영광을 돌렸을 선택에 표를 해 보십시오. 만약 이 답이 당신이 실제로 선택한 것과 다르다면 지금 하나님께 용서를 구하고, 이미 이러한 결정을 내린 상황에서도 어떻게 하면 하나님의 영광을 나타낼 수 있는지 여쭤 보십시오. 하나님은 사랑과 이해가 많으셔서 우리가 실수할 때도 사랑해 주시고, 또 이런 우리의 실수까지도 사용하셔서, 우리를 더 강한 그리스도인으로 성장하도록 도와주기를 원하십니다. 당신이 지금 갈등하고 있는 결정이나 선택은 무엇입니까? 아래에 적어 보십시오.

____

____

당신의 이 갈등에 대해 하나님께 말씀드리십시오. 당신이 진정으로 하나님께 영광 돌릴 수 있도록 결정하기 원한다는 것과, 어떤 것이 그러한 결정인지를 알 수 있도록 도와달라고 부탁하십시오. 그리고 내재하시는 그리스도께서 답을 주셨다고 느끼면 아래에 적어 보십시오.

당신은 옳고 그른 것을 결정하는 데 하나님의 말씀이 얼마나 도움이 되는지 이미 배웠습니다. 지금쯤은 시편 119편 11절을 잘 암기할 수 있을 것입니다. 아래에 적어 보십시오.

이 교재 뒤에 있는 성경 암송구절들은 개역 성경입니다. 당신이 무슨 성경을 사용하든지 상관없습니다. 하지만 그 성경에 쓰인 대로 한 글자 한 글자 정확히 기록하여 암송 카드를 만드십시오.

지금쯤은 손 그림의 가운데에 어떤 것을 써넣어야 하는지 기억할 것입니다. 아래의 그림에 써 보십시오. 도움이 필요하다면 고린도후서 5장 17절을 복습하십시오. 단순히 이 가르침을 옮겨 적을 수 있다는 사실보다 더 중요한 것은, 일주일 전보다 지금 더욱 내재하시는 그리스도께서 당신의 삶을 주관하고 계시다는 것을 당신이 실제로 느끼고 아는 것입니다.

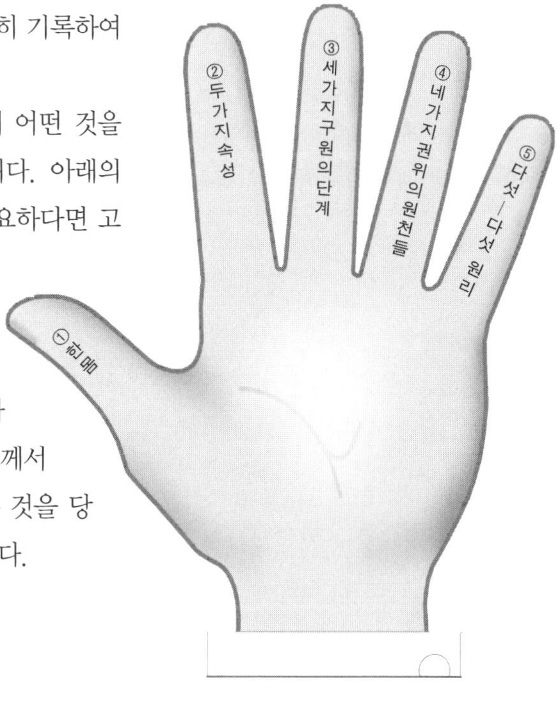

제2단원

한 몸 : 그것의 생명과 섬김

단원 개요

당신은 교회에서 다른 성도들과의 관계에 대해 어떻게 느끼십니까?
당신은 교회 생활과 봉사 그리고 전도 등에 참여하는 것을 어떻게 생각하십니까?
당신은 다른 성도들에게 얼마나 헌신적이며, 사역이나 성도간의 교제에 얼마나 기여하고 있습니까?
그리스도의 한 몸으로서 다른 성도들과의 관계 가운데 사는 것을 배우는 것은 영적 성장을 위하여 아주 중요합니다. 그러므로 이번 단원의 주제는 다음과 같습니다.

한 몸 : 그것의 생명과 섬김

당신은 그리스도의 몸 안에서 당신과 다른 성도들의 관계가 왜 중요한지를 배우게 될 것입니다. 또 당신은 그리스도의 몸 안에서 나누는 교제 가운데, 왜 서로를 필요로 하는지를 배우며, 당신의 삶 가운데 이러한 관계로 인하여 이미 가져온 변화를 살펴볼 것입니다. 그리고 당신이 '한 몸' 안에서 맡아야 할 책임에 대해서도 더욱 이해하게 될 것입니다.

한 몸에 거하기

로마서 12장 4~5절, 고린도전서 12장 12~13절, 디모데후서 1장 8~10절, 베드로전서 2장 9~10절, 에베소서 4장 1~4절을 읽으십시오.

당신의 영적 성장은 당신이 그리스도의 몸 안에 있는가, 있지 않는가의 여부에 달려 있습니다. 하나님의 가족 안에서는 어느 누구도 혼자서 살아갈 수 없습니다. 예수 그리스도를 따르기로 결심한 사람은 그와 동일하게 결심한 다른 성도들에 대해서도 똑같은 책임을 가져야 합니다.

이제 갓 태어난 아기가 가족 중 아무도 돌보는 사람이 없이 혼자 내버려진다는 것을 상상할 수 있습니까? 물론 없지요! 아기들은 혼자 버려 두면 살아남지 못하니까요. 아기들은 끊임 없이 사랑해 주고 돌보아주고 또 주의를 기울여야 합니다. 마찬가지로 가족들이 서로를 필요로 하지 않을 때가 있을까요? 물론 없지요! 나이에 상관없이, 사람들은 서로 아끼고 위해 줄 가족이 언제나 필요합니다.

당신의 영적인 삶도 이와 똑같습니다. 당신은 새신자일 수도 있고, 몇 달 혹은 몇 년 전에 그리스도인이 되었을지도 모릅니다. '영적인 나이' 에 상관없이, 당신이 이 세상에서 생존하고 또 계속해서 영적으로 성장하기 위해서는 주님 안에서의 가족이 꼭 필요합니다.

로마서 12장 4~5절은 하나님의 가족인 교회에 대한 중심 되는 진리를 말하고 있습니다. 이 진리는 바로 **'많은 지체는 한 몸'** 이라는 것입니다.

동양인들은 손가락을 셀 때 엄지손가락부터 셉니다. 전에 손 그림으로 배운 그리스도인으로서의 영적 성장에 관한 원리들을 기억하십니까?

손바닥은 무엇을 나타냅니까?

엄지손가락은 무엇을 나타냅니까?

이 말을 잘 살펴보면 흥미로운 것을 발견할 수 있습니다. '내재하시는 그리스도, 우리의 모든 것을 주관하신다' 는 이 진리는 당신과 또 모든 성도들 한 사람, 한 사람에게 모두 적용하는 것입니다. 그러므로 우리 모두가 다 그리스도의 한 몸을 이루고 있는 것을 알 것입니다. 그리스도는 우리 안에 계십니다. 그리고 우리는

'그리스도 안에 있는 한 몸' 이기 때문에 우리는 모두 '그리스도 안' 에 있습니다.

엄지손가락은 다른 손가락들과 협력해서 일을 합니다. 마찬가지로 우리가 다 그리스도의 한 몸이라는 원리는 당신이 배울 다른 원리들과 밀접하게 연관되어 있습니다. 당신이 건강하고 행복한 그리스도인으로 성장해 나가기 위해서는 이 첫 번째 원리를 다른 원리들과 잘 연관시켜야 합니다.

하나님의 가족 안에서는, 어느 누구도 혼자서 살아갈 수 없습니다. 예수 그리스도를 따르기로 결심한 사람은 그와 동일한 결심을 한 다른 성도들에 대해서도 똑같은 책임을 가져야 합니다.

이번 주의 암송구절은 로마서 12장 4~5절입니다. 이 구절에서 중요한 네 단어는 '많은' '지체' '한' 그리고 '몸' 입니다.

이제 고린도전서 12장 12~13절을 주의 깊게 읽어 보십시오. 이 두 구절 중 어떤 구절이 로마서 12장 4~5절과 유사합니까? 고린도전서의 이 구절에는 방금 본 로마서 12장 4~5절과 같은 네 가지 중요한 단어가 있습니다. 고린도전서의 이 구절 번호를 아래에 써 보십시오.

고린도전서 12장 13절에 의하면, 당신이 갓 기독교인이 되었을 때 성령님께서 처음으로 당신을 위해 하신 일이 무엇입니까?

이 구절에서 '세례받다' 라는 말은 '완전히 잠긴다' 는 뜻입니다. 성령님은 당신을 그리스도의 몸에 적당히 느슨하게 연결시키지 않으십니다. 당신이 그리스도인으로서 얼마나 정상적이고 건강하게 성장할 수 있는가 하는 것은, 교회에서의 성도간의 교제에 얼마나 깊이 관여하는지에 달려 있습니다. 다른 성도들에게서 느끼는 사랑과 돌봄은 당신이 영적으로 성장하기 위해 꼭 필요한 요소입니다.

교회가 무엇이고 교회 생활이 무엇인지를 이해하는 것은, 당신이 그 일부가 되는 것이 왜 그렇게 중요한지를 깨닫게 해 주는 데 도움이 될 것입니다. **교회**라는 말은 희랍어로 ***ekklesia***라는 말을 번역한 것입니다. 예수님 시대에 이 말은 어떤 특별한 모임을 위해 따로 부름받은 시민들의 집단을 뜻했습니다. 이제 이것을 교회라는 말에 적용해 보십시오. 그리스도인이 되기 전에는 당신은 주로 자신이 원하는 대로, 자신의 욕구를 따라 살았을 것입니다. 그런데 그리스도가 당신을 부르셨습니다. "나를 따라 오너라! 자기 욕구대로 살아가는 다른 사람들에게서 이제 떠나라. 그리고 내 제자가 되라!" 당신은 나와 다른 수많은 그리스도인들과 마찬가지로 이 음성을 듣고 응답했습니다. 우리는 다 그리스도께로 왔습니다. 우리는 그분을 따르기로 결정했습니다. 우리는 '부름 받은 자들' 이며 바로 '교회' 입니다.

오늘 당신이 읽은 성경구절에서, '부르심을 받은' 이라는 말과 '부르심' 이라는 말을 볼 수 있습니다. 먼저 디모데후서 1장 8~10절을 보십시오.

- 누가 우리를 불렀습니까? ______________________
- 누구 안에서 우리가 부르심을 받았습니까? ______________________
- 이제 베드로전서 2장 9~10절을 보십시오. 이 구절에 의하면, '부르심을 받은 자들' 은 무엇을 해야 합니까? ______________________

우리는 "부름 받은 자들"로서 우리를 부르신 분과 그분의 업적을 선포해야 합니다.

우리는 '부름 받은 자들' 로서 우리를 부르신 분과 그분의 업적을 선포해야 합니다.

베드로전서 2장 9~10절에는 '부름 받은 자들' 을 여러 가지 다른 명칭으로 부르고 있습니다. 그 명칭들을 아래에 적어 보십시오.

(9절) : ______________________

(9절) : ______________________

(9절) : ______________________

(9절) : ______________________

(10절) : ______________________

위의 마지막 두 명칭은 거의 같은 의미를 가지고 있습니다. 우리는 그리스도인들이고 또 그리스도 교회의 일부분이기 때문에, 우리는 '하나님의 백성' 이며 또한 '어둠에서 불러내어 그의 놀라운 빛 가운데로 인도하신 하나님의 소유가 된 백성' 입니다.

에베소서 4장 1~4절은 '부름 받은 자들' 의 속성에 대해 설명하고 있습니다. 그리스도는 우리에게 변화된 삶을 살아갈 수 있는 힘을 주십니다. 아래에 '변화된 삶' 의 속성을 적어 보십시오.

위의 속성 중에서 당신의 삶에 나타나기를 가장 원하는 것은 무엇입니까? 거기에 표시해 보십시오. 이제 생각해 봅시다. 그리스도는 당신에게 그 속성을 **주지** 않으십니다. **그분 자신이** 바로 그 속성이십니다. 그리스도는 겸손하시고 온유하시며, 오래 참으시고 사랑이 많으시며, 또 그밖의 모든 덕을 겸비하고 계십니다. 당신의 삶 가운데 이러한 속성을 가질 수 있는 길은, 그리스도께서 당신 안에 거하시고 당신을 주장하시도록 하는 것입니다. 그러면 오늘 당신을 만나는 모든 사람들이 그리스도의 아름다운 모습을 당신에게서 볼 것입니다.

자, 이제는 당신의 삶 가운데서 이러한 속성들이 나타나는 것을 막았던 요인이 무엇인지를 깨닫게 해 달라고 성령님께 구하십시오. 어떤 생각이나 욕구, 습관 혹은 성격일 수도 있습니다. 깨닫게 해 주신 후에는 그것이 무엇이든 내재하시는 그리스도께 가지고 나가 온전히 맡기십시오.

에베소서 4장 4절에 낯익은 단어가 또 나오는 것을 보셨습니까? '부름 받은 자' 라는 말이 '한 몸' 이라는 말과 연결되어 나오지요? 내일도 당신은 이 중요한 주제에 대해 더 상고하게 될 것입니다. 특별히 몸 안에서의 조화와 생명에 대해 더 공부할 것입니다.

그동안 이번 주의 성경 암송 카드를 자르고 외우기 시작하십시오. 그리고 지난 주의 암송구절들도 복습하여 잊어버리지 않도록 하십시오.

몸 안에서의 조화와 생명

고린도전서 12장 4~6절, 14~27절, 사도행전 2장 42~47절, 4장 32~35절, 에베소서 4장 11~16절을 읽으십시오.

당신은 고린도전서 12장 14~27절을 읽으면서, 사도 바울이 보통 때 쓰는 것과 조금 다른 것을 보았습니까? 만약 못 보았다면 다시 한번 읽고 찾아보십시오.

예수님은 영적인 진리를 가르치시기 위해 자주 비유를 사용하셨습니다. 예수님은 포도나무요 우리는 가지라고 하셨고, 또 자신은 목자요 우리는 양이라고 하셨습니다. 그러나 바울은 비유를 거의 사용하지 않았는데, 이 구절은 그의 다른 글과는 다른 예외적인 것입니다.

이 구절에서 사도 바울은 예수님의 '부름 받은 자들'을 사람 몸의 각 부분에 비유함으로 영적인 진리를 가르치고 있습니다. 그는 그리스도 몸의 '각각 다른 부분'들이 어떻게 서로 연결되고 의존하는지를 보여 주기 위해서, 사람 몸의 각 부분이 어떻게 상호 의존하는지를 보여 주고 있습니다. 모든 부분들은 다 독특하지만 다른 것들과 연결되어 있습니다. 내재하시는 그리스도는 손, 발, 또 내부 기관 어느 곳에나 다 똑같이 계십니다. 그리고 각각의 모든 기관들은 서로에게 의존하고 있습니다.

몸의 어느 한 부분도 다른 부분으로부터 떨어져서는 기능을 발휘할 수도, 생존할 수도 없습니다. 손이 팔에서 떨어져서야 어떻게 움직일 수 있겠습니까! 마찬가지로 그리스도의 한 몸 안에서는 분열이란 있을 수 없습니다. 한 몸 안에서 질투나 싸움 같은 것은 결코 있을 수 없습니다. (손이 귀에 질투하고 발이 눈과 싸우는 것을 상상할 수 있습니까?) 사도 바울은 그리스도의 몸 안에서의 삶에 관해 얼마나 효과적인 방법으로 설명하고 있는지요!

어떤 사람이 친구에게 "내 글씨가 엉망인 걸 용서하게. 발에 심한 통풍이 있거든."이라고 썼답니다. 심하게 부어오르는 악성 통풍을 앓아본 사람은 누구나 발에 통풍의 고통이 극심하면 쓰는 것조차 제대로 할 수 없다는 것을 이해할 것입니다.

그리스도인으로서 당신의 삶의 성장은 그리스도의 몸 안에 있는 다른 성도들과의 관계에 긴밀하게 달려 있습니다. 한 성도가 고통을 당하면 모든 성도들이 다 그 고통을 나누어야 하고, 한 성도가 기뻐하면 모두가 다 즐거워해야 합니다.

고린도전서 12장 18절에 의하면, 각 부분이 몸의 어디에 속하는지를 누가 결정합니까?

___

UNITY AND LIFE IN THE BODY

그러나 이제 하나님이 그 원하시는 대로 지체를 각각 몸에 두셨으니

우리 대부분은 때때로 다른 사람처럼 될 수 있기를 바란 적이 있습니다. 교회의 다른 성도들이 하는 일과 같은 일을 할 수 있었으면 혹은 그들의 직분을 맡을 수 있었으면 하고 부러워 한 적도 있을 것입니다. 하지만 조심하십시오! 이러한 감정들이 시기나 질투로, 더 나아가 싸움으로까지 발전할 수 있습니다. 아마 당신은 이런 시기, 질투 혹은 갈등이 그리스도의 몸 안에서 조화를 깬 것을 목격한 적이 있을지도 모릅니다. 하나님께서 우리 한 사람 한 사람을 그분이 원하시는 바로 그 곳에 두셨으니까요.

이제 고린도전서 12장 25~27절을 한번 더 천천히 생각하면서 읽어 보십시오. 그리고 이 구절에 근거해서 다음의 질문에 답해 보십시오.

1. 이 구절에서 묘사된 생활 방식은 '부름 받은 자들' 에게서만 독특하게 나타나는 것입니까, 아니면 예수 그리스도를 믿지 않는 다른 사람들에게도 흔히 찾아 볼 수 있는 것입니까? 당신의 말로 설명해 보십시오.

____

____

____

2. 선교사들이나 외교관들, 그리고 외국에 나가 사는 사람들은 다른 지역에 사는 사람들의 전혀 다른 사고나, 언어, 행동 습관 같은 것을 배우고 적응할 때, 소위 심각한 '문화 충격' 을 경험합니다. 당신은 그리스도의 몸의 일부분이 되었을 때, 어떤 '문화 충격' 을 경험했습니까?

____

____

____

____

몸 안에서의 조화와 생명

사도행전 2장 42~47절과 4장 32~35절을 읽으십시오. 이 구절들은 당신이 교회의 진정한 의미를 이해하지 못한다면 어렵게 느낄지도 모릅니다. 이 성경말씀은 사회주의적 삶을 가르치는 것이 아닙니다. 또한 모든 그리스도인들이 다 자기 소유를 팔고 기금을 만들었다는 의미도 아닙니다. 성경 원문에 나타난 뜻은, 그리스도인들이 때로는 자기들 재산의 일부를 팔아서 다른 그리스도인들의 필요에 충당하는 것을 돕기 위해 사도들에게 가져온 것을 의미합니다.

쓸 것이 풍족했던 사람들은 필요한 사람들과 함께 나누어 썼습니다. 그들은 그렇게 함으로써, 하나님께서 장차 자기들의 필요를 채워주시리라는 확신이 있었습니다. 그들이 나눈 것은 단지 물질만이 아니었다는 것을 주의해서 보십시오.

쓸 것이 풍족했던 사람들은 필요한 사람들과 함께 나누어 썼습니다. 그들은 그렇게 함으로써, 하나님께서 장차 자기들의 필요를 채워주시리라는 확신이 있었습니다. 그들이 나눈 것은 단지 물질만이 아니었다는 것을 주의해서 보십시오. 그들은 같이 먹고 기도하고, 성경 공부하고 가르치는 등 그들의 삶 자체를 서로 나누었습니다. 성도간의 교제는 그리스도 안에서의 당신의 성장에 아주 중대한 역할을 합니다. 그러므로 이것을 소홀히 하지 마십시오! 하나님의 가족 관계 안으로 깊이 들어가서, 새로 맺어진 형제자매들과 긴밀한 관계를 유지하십시오

이제는 사도행전 2장 42~47절과 4장 32~35절을 간단히 비교해 보겠습니다. 이 말씀들은 다 교회의 세 가지 중요한 측면을 —당시의 교회나 지금의 교회를 막론하고— 묘사하고 있습니다. 이 구절들을 읽고 다음의 문장들을 완성해 보십시오.

사도행전 2장	사도행전 4장	
44절	32절	교회의 성도는 주안에서 ____________
45절	34~35절	교회의 성도들은 그들의 생활을 ____________
42~43절	33절	교회의 성도들은 그들의 주인에 대해서 ____________

사도행전 2장 45절을 한번 더 읽으십시오. 당신에게는 필요한 성도를 돕기 위해 개인의 재산을 파는 것과 그런 선물을 받는 입장에 처하는 것 중 어느 것이 더 어렵습니까? 이유를 설명해 보십시오.

____

____

이 질문에는 정답도 없고, 또 쉽게 대답할 수도 없다는 것을 알았을 것입니다. 당신이 어떤 답을 했든지 (혹은 단지 생각만 해 보았든지) 상관없이, 당신이 다른 성도들과의 관계 안에서 영적으로 더욱 성장할 수 있게 도와주시도록 어떻게 기도해야 할지 이제 알게 되었을 것입니다. 사도행전 2장 46절을 보면 초대 그리스도인들은 다른 성도들의 집을 자주 방문했다고 기록하고 있습니다. 이러한 본을 현재 우리의 삶에서 어떻게 적용할 수 있을까요?

이제는 복습시간입니다. 아래의 손 그림에는 엄지손가락과 손바닥의 원리가 빠져 있습니다. 빈칸에 써넣어 보십시오.

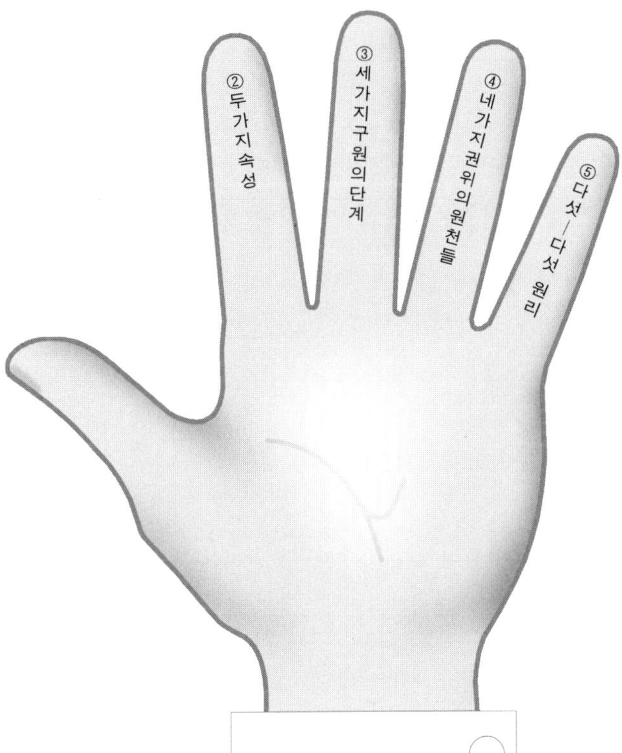

사랑 가운데 행함

고린도전서 13장 1~13절과 에베소서 4장 11~16절을 읽으십시오

고린도전서 13장은 성경 가운데서 아름다운 부분들 중 하나로 꼽히는 동시에, 문학에서도 유명한 작품들 가운데 하나입니다. 여기서 당신은 이 세상에서 가장 위대한 본질에 관해 읽었습니다. 이것이 무엇인지 써 보십시오.

가장 위대한 본질은 : ______________________________

사랑은 이 세상에서 가장 위대한 것입니다. 하나님은 바로 그 사랑이시고, 그리스도는 다른 사람들에게 그 사랑을 전하기 위해서 당신 안에 거하십니다. ***그리스도의 몸은 사랑을 나타내기 위해서 존재합니다!*** 하나님은 당신이 아직 믿지 않았을 때 그리스도의 사랑으로 변화시키기 위해서 '당신을 부르셨습니다.' 그리고 바로 그 순간부터 주님의 사랑이 당신으로 하여금 점점 더 그분을 닮아 가도록 만들고 있습니다.

이제 고린도전서 13장을 더 주의 깊게 보십시오. 첫 세 절에서 무슨 품성이 사랑보다 덜 중요하다고 했습니까? (해당되는 곳에 표시하십시오.)

○ 위대한 영적 진리
○ 놀라운 언변
○ 진리를 위해 기꺼이 죽을 수 있는 것
○ 가난한 사람들에게 관대한 것
○ 강한 믿음

위에 모두 표시해야 합니다. 위의 품성들이 모두 좋은 것이지만 아무것도 사랑만큼 위대하고 중요한 것은 없습니다.

고린도전서 13장 4~7절에서, 사도 바울이 말하는 사랑의 여러 가지 속성들을 찾아 써보십시오.

____

____

____

당신의 삶에서 가장 잘 나타난다고 생각되는 속성에 원을 그려보십시오. 이번에는 당신의 삶에서 가장 나타내기를 원하는 곳에 밑줄을 그어 보십시오.

그리스도인으로서 이 **모든** 속성들이 다 당신 것이 될 수 있다면 놀라시겠습니까? 하나님은 사랑이십니다. 당신이 내재하시는 그리스도께 자신을 온전히 맡기고, 그분이 더욱더 당신의 삶을 주관해 가실 때, 당신에게서 이러한 속성들이 점점 더 나타나게 됩니다.

8절과 13절에서 사도 바울은 사랑 이외에 다섯 가지 속성을 적어 놓았습니다. 사랑만큼 지속되지 않는 속성에 O표를 하십시오. 그리고 사랑만큼 위대하지 않은 속성에는 X표를 하십시오.

당신이 그리스도인이 되고, 그리스도가 당신의 주인이 되셨을 때, 하나님께서는 두 가지 일을 하셨습니다. 하나님은 당신을 그 몸의 일하는 이들의 명단에 넣으셨습니다. 그리고 "은사"라고 불리는 영적인 능력들을 주셨습니다.

예언 ____ 방언 ____ 지식 ____ 믿음 ____ 소망 ____

예언이나 방언, 지식은 다 사라지므로 O표를 하셨나요? 믿음과 소망은 사랑만큼 위대하지 않으므로 X표를 하셨지요? 사랑은 이 세상에서 가장 위대한 것입니다. 그렇기 때문에 하나님께서는 당신을 통해서 다른 사람들에게 그분의 사랑이 흘러나가기를 원하십니다.

당신이 그리스도인이 되고 그리스도가 당신의 주인이 되셨을 때, 하나님께서는 두 가지 일을 하셨습니다. 하나님은 당신을 그 몸의 일하는 이들의 명단에 넣으셨습니다. 그리고 '은사'라고 불리는 영적인 능력들을 주셨습니다. 성령의 은사가 그리스도의 사랑이 흐르는 강의 바닥이라고 생각해 보십시오. 강물이 빨리 흐를수록 강바닥은 더 깊게 파입니다. 하나님의 사랑이 당신을 통해서 흐를 때, 당신의 은사는 더 깊어집니다. 은사의 목적은 당신을 통해서 그리스도의 사랑이 다른 사람들에게 더 많이 흐르게 하는 것입니다. 당신은 그분의 사랑을 다른 사람들에게 전하는 통로가 될 것입니다. 이것이 하나님께서 당신에게 은사를 주신 이유입니다.

베드로전서 4장 10절을 읽고 다음 질문에 답해 보십시오.

■ **당신의 영적 은사들은 어디에서 왔습니까?**

____

____

____

■ **당신은 영적 은사들로 무엇을 해야 합니까?**

성경은 "모두 자기가 받은 은사를 따라서, 하나님의 여러 가지 은혜를 맡은 선한 관리인으로서 서로 봉사하십시오."라고 말합니다. 은사에 관해 기억해야 할 가장 중요한 것은, 은사란 단순히 그리스도의 사랑을 전하는 **통로**일 뿐이라는 사실입니다. 그러므로 은사는 당신이 그것들을 통해서 그리스도의 사랑이 흐르도록 할 때만 가치있는 것입니다.

당신은 **영적 은사**와 **재능**의 다른 점을 이해해야 합니다. 영적 은사란 하나님께서 당신에게 주신 영적인 능력을 말합니다. 성령님께서는 이것을, 당신이 하나님의 뜻에 따라 몸 전체에 유익이 되고 도움이 되는 곳에 사용하도록 힘을 주시는 것입니다. 반면에 재능이란 당신이 가지고 태어나서 나중에 발견하고 개발한 능력을 말하는 것으로, 당신은 여러 가지의 재능을 가졌을지도 모릅니다. 음악의 재능, 컴퓨터 기술, 공중 연설, 맛있고 영양가 있는 음식을 요리하는 것 등이 다 재능의 예입니다.

재능과 은사 사이에는 그것들이 사용되는 방법에 따라 상호 연관성도 있고 다른 점도 있습니다. 영적 은사는 몸에 유익하고 일을 하는 데 도움이 되도록 하기 위해서, 성령님이 당신에게 능력을 주실 때만 사용할 수 있습니다. 재능은 그것이 영적 은사로 표현되기 위한 방법으로 쓰일 때 은사와 연관이 있습니다. 예를 들어 당신에게 음악의 재능이 있다고 합시다. 당신이 그 재능을 봉사나 섬김이나 가르치는 일을 위해 사용할 때 재능을 영적 은사로 쓰는 것입니다. 그리스도인들만이 영적 은사를 받고, 그러한 은사들은 오로지 하나님의 영광을 위해서만 사용될 수 있습니다. 반면에 누구나 여러 가지의 재능을 가질 수 있고, 또 자기가 원하는 방법으로 —이기적인 목적이나 심지어는 악한 목적으로까지도— 사용할 수 있습니다.

이제 당신이 하나님의 영광을 위해서 사용할 수 있는 재능이 무엇인지 숙고한 후에 아래에 써보십시오.

____

____

성경은 "모두 자기가 받은 은사를 따라서, 하나님의 여러 가지 은혜를 맡은 선한 관리인으로서 서로 봉사하십시오." 라고 말합니다. 그러므로 은사는 당신이 그것들을 통해서 그리스도의 사랑이 흐르도록 할 때에만 가치가 있는 것입니다.

이번 주의 암송구절은 로마서 12장 4~5절입니다. 외울 수 있는지 한 번 써보시고, 암송구절 카드를 꺼내서 대조해 보십시오.

이제는 고린도전서 12장 4~6절을 보십시오. 이 짧은 각 구절들마다 서로 다른 것들과 같은 것들 간의 대조와 연관성을 보여 주고 있습니다. 이 세 가지의 대조를 요약해서 보기 위해 아래의 표를 완성해 보십시오.

고린도전서 12장	서로 다른 점	같은 점
4절	은사	성령
5절		
6절		

당신이 어떤 성경을 사용하느냐에 따라 답이 조금씩 다를 수가 있을 것입니다. 개역 성경에 기준해서 답을 찾아보겠습니다.

- 은사는 여러 가지나 (성령은 같고)
- 직임은 여러 가지나 (주는 같으며)
- 또 역사는 여러 가지나 (모든 것을 모든 사람 가운데서 역사하시는 하나님은 같으니)

당신은 내일도 영적 은사에 관하여 더 공부하겠지만 이제는 오늘 배운 것을 복습해 보겠습니다. 하나님 아버지께서는 왜 당신에게 성령님을 통해서 영적 은사들을 주셨습니까? 지금 에베소서 4장 11~16절을 묵상하고 답을 찾아보십시오. 묵상할 때는 첫 주의 제1과에서 배운 방법을 꼭 따르시기 바랍니다.

이제 그 순서를 따라 묵상해 보십시오. "그 몸에서 온 몸이 각 마디를 통하여 도움을 입음으로 연락하고 상합하여 각 지체의 분량대로 역사하여 그 몸을 자라게 하며 사랑 안에서 스스로 세우느니라"(에베소서 4장 16절)

몸 안에서의 은사

로마서 12장 1~8절과 베드로전서 1장 13~16절을 읽으십시오.

당신이 그리스도인이 되었을 때, 하나님께서는 당신에게 한 가지나 또는 그 이상의 영적 은사를 주셔서, 그리스도의 몸의 한 부분으로 곧 일할 수 있도록 하셨습니다. 하나님께서 주시는 은사의 종류가 방금 읽은 로마서에 나와 있습니다. 또 에베소서 4장 11절과 고린도전서 12장 4~18절과 28~30절에도 나와 있습니다. 은사의 종류가 얼마나 다양한지요! 더욱이 우리는 이 구절에 언급된 것들이 은사의 전부를 다 나열한 것이 아니라는 것도 알아야 합니다. 당신은 이미 이 교재에서 위의 구절들을 공부했습니다. 지금 복습하는 시간을 가지십시오. 그리고 당신이 그리스도인이 되었을 때 하나님께서 주신 은사들을 적어 보십시오.

몇 가지의 은사를 적으셨습니까? 당신이 공부한 은사의 종류 가운데 나누어 주는 은사와 섬기는 은사를 보셨습니까? 당신이 적은 자신의 은사 가운데 이 두 가지 은사도 첨가할 수 있을 것입니다. 당신이 이 두 가지 은사를 꼭 받았다고 단정 짓는 것은 아니지만, 하나님께서는 새신자에게 어떤 방법으로든 나누어 주고 섬기는 능력을 주셨으리라고 생각되기 때문입니다.

당신이 하나님께서 주신 은사들을 가장 효과적으로 사용하는 것은, 당신이 이 영적 은사에 관한 중요한 진리들을 얼마나 잘 이해하느냐에 많이 달려 있습니다. 이제 이러한 진리들을 살펴봅시다.

첫 번째 진리는 **하나님께서 당신에게 영적 은사들을 주셨다**는 것을 깨닫는 것입니다. 우리는 어제 이것을 이미 배웠습니다.

두 번째 진리는 **당신이 영적으로 성장함에 따라 하나님께서 은사들을 더해 주신다**는 것입니다. 당신이 그리스도인이 되었을 때 영적 은사들을 받기는 했지만, 하나님께서 주시기를 원하는 모든 은사들을 그때 다 받은 것은 아닙니다. 어떤 은사들은 영적으로 더 성장한 단계에서만 받을 수 있기 때문에, 그 단계에 도달할 때까지는 주시지 않습니다.

만약 당신이 새신자라면 다른 그리스도인들에게서 보는 은사를 가지지 못했다고 걱정할 필요가 없습니다. 다만 당신이 그리스도인으로서 더욱 자라고 영적으로 성장하는 것에만 주의를 집중하십시오. 하나님의 지혜를 믿고 인내하며 기다리십시오. 그러면 때가 이를 때 하나님께서 그리스도의 몸 안에서 당신이 일하기 위해 필요한 바로 그 은사를 더해 주실 것입니다.

이것을 설명하면 다음과 같습니다. 만약 당신이 그리스도인이 된지 몇 년이 지났다면, 이것이 당신 자신의 경험과 동일하다는 것을 볼 수 있을 것입니다.

첫 번째 진리는 하나님께서 당신에게 영적 은사들을 주셨다는 것을 깨닫는 것입니다. 두 번째 진리는 당신이 영적으로 성장함에 따라, 하나님께서 은사들을 더해 주신다는 것입니다.

- 당신이 그리스도인으로서 계속해서 자라고 영적으로 성숙해 간다.
- 당신이 영적으로 계속 자라서 성숙한 단계가 되면, 그리스도의 몸 안에서 더 큰 책임감을 가지고 더욱 힘든 직무를 맡을 수 있게 된다.
- 하나님께서 당신에게 더욱 큰 책임과 직무를 맡기시고 필요에 따라 그러한 일을 행할 수 있도록 은사를 더 주신다.

만약 당신이 그리스도인이 된지 몇 해가 지났다면 당신이 영적으로 더 성숙해지고 교회 안에서 더욱 많은 책임을 맡게 됨에 따라 하나님께서 더하여 주신 은사들을 열거할 수 있을 것입니다. 당신이 처음 믿기 시작한 이후로 하나님께서 더하여 주신 은사가 무엇인지 생각나는 대로 두 가지 이상 써 보십시오.

영적 은사에 관한 세 번째 진리는, **순종하는 마음을 갖는 것이 은사를 받는 열쇠**라는 것입니다. 순종을 위해 필요한 것이 무엇인지 알기 위해 로마서 12장 1~3절을 읽어 보십시오. 이 구절에는 다섯 가지 중요한 말들이 나와 있습니다. 읽으면서 이 말들을 찾아보십시오.

변화를 받다 **본받다** **제사로 드리다**
이상(以上)의 생각을 품다 **하나님의 뜻**

당신이 방금 읽은 구절들 가운데, 위의 다섯 가지 중 두 가지는 하나님께 순종하기 위해 당신이 하지 말아야 할 일을 나타내기 위해 사용되었습니다. 나머지 세 가지는 당신이 해야 할 일들을 나타내고 있습니다. 위의 말들을 사용해서 다음의 질문에 답을 써보십시오.

당신이 하지 말아야 할 것은 :

____

____

당신이 해야 할 것은 :

____

____

이제 답을 맞혀 보십시오. 당신이 하지 말아야 할 것은

- 이 세대를 본받지 말 것
- 마땅히 생각할 그 이상의 생각을 품지 말것

당신이 해야 할 것은 :

- 당신의 몸을 하나님께서 기뻐하실 거룩한 산 제사로 드릴 것
- 마음을 새롭게 함으로 변화를 받는 것(내재하시는 그리스도에 의해서)
- 하나님의 뜻을 행하는 것

베드로전서 1장 13~16절도 순종에 관해 말하고 있습니다. 이 구절들을 읽어 보십시오. 14절에 의하면, 순종하기 위해서는 당신은 무엇에서부터 돌아서야 한다고 말합니까?

나는 전에 ______________ 때에 가졌던 ______________ 을 따라 살지 말고 돌아서야 한다.

'알지 못할 때' 에 가졌던 '욕망' 혹은 '사욕' 이라고 쓰셨습니까?

이제 당신은 더 이상 모르지 않습니다. 내재하시는 그리스도께서 당신이 하나님의 뜻을 분별하도록 도와주십니다. 그리스도의 몸인 교회의 한 성도로서 당신이 어떤 사람이 되고 어떤 행동들을 하기 원하시는지를 가르쳐 주십니다. 베드로

전서 1장 15~16절에는 어떤 중요한 단어가 네 번이나 나옵니다. 이 단어를 찾아 써보십시오.

영적 은사를 받은 사람들이 거룩한 삶을 사는 것이 왜 그렇게 중요할까요?

어떤 사람이 하나님께서 주신 은사를 부정한 곳에 사용함으로 악용한다면 얼마나 끔찍할지 상상할 수 있습니까?
오늘 경건의 시간 중에 로마서 12장 1~3절을 묵상하십시오. 당신의 삶 가운데 하나님의 뜻에 순종하기 어려운 부분이 있습니까? 그 부분에 주의를 기울이시고, 왜 순종하기 어려운지 이유를 써보십시오.

하나님의 부르심에 순종하는 것이 당신의 가치나 우선순위에 도전을 주는 것이 있습니까? 이것들을 써보십시오..

이제 점검할 시간입니다. 오늘은 당신이 이 교재를 시작한지 9일째 되는 날입니다. 지난 두 주 동안 기도와 성경 공부를 포함한 경건의 시간을 며칠이나 가지셨나요?

내일은 그리스도의 몸을 조금 다른 각도에서 한 번 살펴보고, 제2단원인 "한 몸"을 끝낼 것입니다.

제 5 과

몸은 건물과 같다

베드로전서 2장 1~10절과 에베소서 2장 19~22절을 읽으십시오.

성경은 교회를 설명하기 위해 여러 가지의 비유를 사용합니다. 손 그림에서 엄지손가락이 나타내는 진리도 성경에서 사용하는 가장 중요한 비유 가운데 하나입니다. 그 진리가 무엇인지 생각해 보고 다음의 빈칸을 채워보십시오.

교회는 그리스도 안에서 ______________ 이다.

당신은 또 그리스도를 따르는 모든 사람들이 '한 몸'을 이룬다는 성경구절을 배웠습니다. 아래의 빈칸을 채워보십시오.

___________ 에 많은 ___________ 를 가졌으나 ___________ 가 같은 직분을 가진 것이 아니니 이와 같이 우리 많은 사람이 그리스도 안에서 ___________ 이 되어 서로 ___________ 가 되었느니라(로마서 12장 4~5절)

오늘의 과제에 주어진 두 성경구절은 교회를 설명하는 데 다른 비유를 쓰고 있습니다. 어떤 다른 비유인지 알 수 있습니까? 모른다면 다시 그 구절들을 읽고 생각해 보십시오.

이 구절들에서는 '부름 받은 자들'을 몸이 아닌 건물로 표현했습니다. 그리스도는 그의 몸인 교회의 머리이십니다(골로새서 1장 18절). 그러나 그분은 또한 건물의 귀한 모퉁이 돌도 되십니다(베드로전서 2장 5~6절). 이 구절에서는 우리 한 사람 한 사람은 살아있는 돌이며, 신령한 집을 짓는 데 쓰인다고 묘사하고 있습니다.

석수(石手)들이 돌 벽을 짓는 것을 보면 아주 흥미롭습니다. 그들은 돌 하나 하나를 옆의 다른 돌들과 잘 맞도록 하기 위해 정교하게 깎아 내고 다듬습니다. 여기서 우리는 영적 교훈을 얻을 수 있습니다. 당신이 교회의 한 부분이 아니면 잘 자랄 수가 없다는 것입니다. 하나님께서 당신의 삶을 형성해 가시는 과정에서 당신이 다른 **'살아있는 돌들'과 올바른 관계 가운데 있다는 것은 아주 중요합니다.** 이 중요한 진리를 흘려버리지 마십시오. 석수들이 돌이 잘 맞을 때까지 깎아 다듬듯이, 하나님께서도 당신의 성격을 깎아 다듬으십니다. 그분은 당신이 다른 '살아있는 돌들'과 완전히 결속(結束)될 수 있도록 다듬고 만들어 가십니다.

THE BODY IS A BUILDING

어떤 사람들은 하나님께서 당신의 삶 가운데 이렇게 역사하시는 것을 일컬어 '갈아지는 과정(sandpapering process)' 이라고 부릅니다. 하나님께서는 홀로 떨어진 '돌' 과 같은 당신을, 그분의 '성전' 을 이루고 있는 다른 '돌들' 과 잘 맞을 때까지 부드럽게 다시 만들어가고 계십니다. 다른 '살아있는 돌들' 과 교제가 없이는, 당신은 결코 하나님께서 원하시는 모습이 될 수 없습니다.

여기에 울퉁불퉁한 모양의 돌들이 여러 개 있습니다. 베드로전서 2장 1절을 읽으십시오. 이 구절에 의하면, 우리가 하나님께 나아갈 때 우리의 삶 가운데서 깎아 다듬기를 원하시는 '거칠고 모난 것들' 이 무엇일까요? 옆의 돌들 위에 써보십시오.

베드로전서 2장 1~10절은 두 가지 종류의 '돌' 에 관해 말하고 있습니다. 당신이나 나나 또 다른 모든 성도들은 1절에서 언급한 것과 같이 시기, 위선 그리고 모든 악독을 가진 거친 모서리를 지닌 돌과 같습니다. 그러나 우리의 죄 없으신 구세주 예수 그리스도께서는 6절에서 언급한 것과 같이 '골라낸' '귀한' '보배로운' 모퉁이 돌이십니다.

그러나 이 '골라낸 모퉁이 돌' 이 믿지 않는 사람들에게는 귀하고 보배롭게 보이지 않을지도 모릅니다. 베드로전서 2장 7~8절에 의하면, 그리스도는 믿지 않는 사람들에게는 어떤 돌이 되십니까?

____

____

____

그리스도가 어떤 사람들에게는 '부딪치는 돌과 거치는 반석' 이 되신다는 것이 당신에게는 이상하게 들릴지도 모릅니다. 그러나 사람들이 그분을 자기들의 구세주로 영접하지 않으면 바로 그렇게 되는 것입니다.

몸은 건물과 같다

에베소서 2장 19~22절을 보십시오. 교회를 형성하고 있는 '살아있는 돌들'을 서로 연결시키는 '접착제'는 무엇입니까?

당신은 자신이 성도들 몸(혹은 '건물')의 한 부분으로서 다른 '부름 받은 자들'을 진정으로 필요로 한다는 사실을 얼마나 깊이 깨닫고 있습니까?

당신이 하나님의 영이 거하시는 건물을 짓는 데 다른 성도들과 함께 도움을 준다는 사실이 참으로 놀랍지 않습니까? 당신은 자신이 성도들 몸(혹은 '건물')의 한 부분으로서 다른 '부름 받은 자들'을 진정으로 필요로 한다는 사실을 얼마나 깊이 깨닫고 있습니까?

당신이 다른 성도들과의 교제를 통해서, 그리스도인으로서의 삶의 어떤 부분에 성장을 가져왔는지 아래에 써보십시오.

이제는 당신이 그리스도인으로서의 삶 가운데 더 개발하고 성장해야 할 부분이 있는지 생각해 보고 아래에 적어 보십시오.

지금은 성령님께서 당신의 생각을 인도해 달라고 기도하고 기다린 후에, 당신이 영적으로 더 성장할 수 있도록 도와주고 격려해 줄 수 있는 성도들의 이름을 둘 이상 적어 보십시오.

THE BODY IS A BUILDING

위에 이름이 적힌 그 성도들에게 당신의 영적 성장을 도와준 것에 대해 감사를 표하고, 또 어떤 특정한 기도나 격려나 도움을 구할 수 있도록 그분들을 만날 구체적인 계획을 세우십시오.

당신은 지금까지 두 성경구절을 암송할 수 있을 것입니다. 아래에 써보십시오.

시편 119편 11절

로마서 12장 4~5절

제2단원

한 몸 : 그것의 생명과 섬김

단원 학습

교회는 한 몸이라는 말을 간단히 설명해 보십시오.

몸 안에서 당신은 어떤 기능을 하고 있습니까?

몸의 한 부분으로서 맡은 역할을 효과적으로 감당하기 위해서, 당신은 받은 은사들을 어떻게 사용하고 있습니까?

다른 성도들의 은사가 당신이 그리스도인으로서 성장하는 데 어떤 도움을 주고 있습니까?

제3단원

두 가지 속성 : 옛 속성과 새로운 속성

단원 개요

당신이 처음 그리스도인이 되었을 때, 주님 안에서의 새로운 삶에 대해 얼마나 기쁘고 흥분되었는지 기억이 나십니까? 또 사탄이 얼마나 빨리 당신의 옛 속성을 이용하여 구원받기 이전의 삶으로 당신을 되돌아가도록 만들었는지도 기억이 나십니까? 여기저기서 이런저런 실수들을 하곤 했지요. 그러고 나서 당신은 일단 구원받기만 하면 영원히 사라질 것 같던 옛것들로 아직도 갈등하고 있는 자신을 문득 발견하게 되었지요.

이 세상에 사는 동안, 당신의 문득 옛 속성은 늘 새로운 속성과 싸우고 있을 것입니다. 이번 주에는 죄와의 내적인 싸움에서 승리하는 비법(秘法)을 배울 것입니다. 사탄은 당신에게 '위장하는 법'을 가르치며, '그런 척'하는 것이 진실을 보이는 것보다 훨씬 쉽다고 설득하려 할 것입니다. 그러나 그렇게 하는 것은 옛 속성에 지는 것입니다. 진정한 승리는 내재하시는 그리스도께서 온전히 주관하시도록 내어 맡기는 것입니다. 이것이 바로 이번 주에 공부할 주제입니다.

당신의 선택에 달려 있다

로마서 8장 10~11절과 갈라디아서 2장 20절, 5장 13~18절을 읽으십시오.

당신은 이제 하나가 아닌 **두 가지 속성**을 가지고 있다는 것을 아십니까? 태어나서부터 당신에게는 **옛 속성**이 있었습니다. 그리고 당신이 그리스도 안에서 새로 거듭난 순간부터 **새로운 속성**도 가지게 되었습니다. 옛 속성은 자신을 높이려 합니다. 새로운 속성은 **당신을 통해서 하나님의 사랑이 나타나기를** 원합니다.

성경에서 이 두 가지 속성에 관해 가르치는 것을 다 배우자면 끝이 없습니다. 당신은 옛 속성을 지니고 이미 오래 살아왔기 때문에, 그것에 관해 먼저 배울 필요는 없습니다. 대신 이번 주에는 당신의 **새로운 속성**에 관해 공부를 먼저 시작하겠습니다.

당신의 옛 속성을 중력의 법칙에 비교해 봅시다. 이 법칙은 언제나 밑으로 잡아당기는 힘이 있습니다. 그래서 당신이 지상 위에서 다만 몇 초라도 날거나 뜨는 것을 막지요.

이제는 당신의 새로운 속성을, 비행기가 공중에 날 때 지상으로부터 들어올리는 날개에 작용하는 법칙에 비교해 봅시다. 이 법칙은 언제나 작용하는 것이 아니라 **조건이 맞을 때만** 작용합니다. 마찬가지로 당신의 옛 속성은 언제나 일을 하지만, 새로운 속성은 조건이 갖추어졌을 때만 일을 합니다. 새로운 속성은 당신의 삶 가운데서 일하면서 하나님의 사랑이 당신을 통해 흘러나오고 죄에 대하여 계속해서 승리할 수 있게 해 줍니다. 그러나 당신의 삶 가운데 이 **새로운 속성**이 일할 수 있도록 허락하지 않는다면 중력의 법칙과 같이 **옛 속성**이 당신을 끌어내리기 시작하는 것입니다.

당신이 가진 두 가지 속성에 관해 성경은 어떻게 말하고 있는지 보기 위해, 오늘의 성경구절들을 다시 읽어 보십시오. 갈라디아서 5장 13~14절에 중요한 단어가 두 번씩이나 나오는 것을 유의해 보십시오. 당신은 이 단어를 이 교재에서 여러 번 공부했습니다. 이 단어는 당신의 삶에서 어떻게 새로운 속성이 작용하는지를 말해 줍니다. 이 단어가 무엇인가를 아래의 '새로운 속성'이라고 쓴 옆에다 적어 보십시오.

새로운 속성 : ______________________________

____

그렇습니다. 당신의 새로운 속성은 **사랑** 가운데 일을 합니다. 그러나 옛 속성은 그렇지 않습니다! 갈라디아서 5장 15절에 의하면, 옛 속성이 지배하고 있다는 증거에는 어떤 것들이 있습니까? 아래의 '옛 속성' 이라고 쓴 옆에 적어 보십시오.

옛 속성 : ______________________

____

15절에서 사도 바울은 야생동물들이 서로 물고 해치는 것을 묘사했습니다. 사람들 특히 그리스도인들이 이런 식으로 행동하는 것을 보는 것은 끔찍합니다. 바울은 17절에서 어떻게 이런 일이 일어날 수 있는지를 설명합니다. "육체의 소욕은 성령을 거스리고 성령의 소욕은 육체를 거스리나니 이 둘이 서로 대적함으로 너희의 원하는 것을 하지 못하게 하려 함이니라"

그러나 당신의 삶 가운데 이 새로운 속성이 일할 수 있도록 허락하지 않는다면 중력의 법칙과 같이 옛 속성이 당신을 끌어내리기 시작하는 것입니다.

연필을 가지고 방금 읽은 위의 구절에서 두 가지를 바꿔 보십시오. '육체' 를 '옛 속성' 으로, 그리고 '성령' 을 '새로운 속성' 으로 대치해 보십시오. 그리고 큰 소리로 한 번 읽어 보십시오. 이 진리를 잊지 마십시오! 이제는 이것을 전에 배운 다른 진리와 연결해 보겠습니다.

당신 자신의 선택이, 어떤 속성이 당신의 삶을 지배하도록 할 것인지를 결정합니다. (여기에 대해서는 이번 주 후반에 더 공부할 것입니다.) 그러므로 **당신의 선택**이 어떤 속성이 당신의 삶을 지배하고 또 어떤 속성이 지배하지 못하도록 막을 것인지를 결정합니다.

그러나 새로운 속성이 당신의 삶을 지배하도록 하기 위해서는 당신의 어떤 조건이 갖추어져야 합니다. 이 조건들이 갈라디아서 5장 16절에 쓰여 있습니다. 성경에 따라 조금씩 다르기는 하지만 '성령을 좇아 행한다' 등으로 설명하고 있습니다.

이제는 그 조건이라는 것이 과연 무엇인지에 대해 공부하겠습니다. 그러나 우선, 당신 자신의 말로 그 조건을 설명해 보시기 바랍니다. 그 후에 당신이 쓴 것을 고치거나 더할 수 있는 기회를 드리겠습니다.

____

____

____

그 조건에 성령님께서 당신의 삶을 주관하시도록 한다는 내용이 들어 있습니까?

갈라디아서 5장 16절과 22~23절은 이번 주의 암송구절입니다. 이 교재의 뒤에서 카드를 잘라서 오늘부터 외우기 시작하십시오.

그리스도인이 되기 전에는 옛 속성이 당신의 삶을 지배했습니다. 당신의 생각이나 동기, 충동, 욕구, 그리고 모든 행동들은 바로 이 옛 속성을 나타내고 있었습니다. 성령님께서 인도해 주시는 대로 산다는 것은 성령님에 의해 지배되고 육체의 욕망대로가 아닌 하나님의 뜻대로 산다는 것입니다.

갈라디아서 5장 16절에 '성령님'이 강조된 것을 보았습니까? 그렇습니다! 당신이 그리스도인이 되었을 때, 그리스도께서는 옛 속성이 당신의 삶을 지배하지 못하게 하셨습니다. 그리고 당신에게 **새로운 속성**을 주셨습니다. 이제는 내재하시는 그리스도께서 성령님을 통해서 당신의 삶을 지배하십니다. 옛 속성은 자신을 높이려 하지만, 새로운 속성은 당신을 통하여 하나님의 사랑이 흘러나가기를 원합니다.

로마서 8장 10~11절을 읽으십시오. 이제 그리스도 안에 있는 당신의 모습을 묘사하는 문장에 표시해 보십시오.

○ 나는 살아있다.
○ 나는 이제 죄 없는 삶을 살 수 있다.
○ 내 영혼은 그리스도의 삶을 경험하고 있다.
○ 나는 지금 하나님과 바른 관계 가운데 있다.
○ 나는 높은 건물을 단 숨에 뛰어 오를 수 있다.

위의 두 번째와 마지막 문장을 제외한 나머지 세 문장에 표시했어야 합니다.

당신의 새로운 속성을 **'그것(it)'**이라고 생각하지 마십시오. 갈라디아서 2장 20절에는 당신의 새로운 속성을 **'그분(Who)'**—'무엇(what)'이 아니라—이라고 말합니다. 그 구절을 읽고 당신의 새로운 속성이 누구신지를 찾아서 밑에 써보십시오.

나의 새로운 속성 : ______________________

____

그리스도께서 당신 안에 사십니다. 이 얼마나 놀라운 말입니까! 그리고 당신은 '하나님의 아들을 믿는 믿음 안에서 사는 것입니다.' 만약 어떤 사람이 '하나님의 아들을 믿는 믿음 안에서 사는 삶' 이 무엇을 의미하는지 설명해 주기를 부탁한다면 어떻게 대답하시겠습니까? 간단히 써보십시오.

믿는 두 친구를 만나서, 그들이 같은 질문에 어떻게 대답했을지를 비교해 보십시오.

당신은 그분께 자신을 온전히 맡기도록 결정해야 합니다. 이 결정을 하는 과정에서는, 당신은 자신의 선택에 속해 있는 것입니다.

내재하시는 그리스도께서는 당신이 그렇게 하시도록 선택할 때만 당신의 삶을 주관하십니다. 당신은 그분께 자신을 온전히 맡기도록 결정해야 합니다. 이 결정을 하는 과정에서는, **당신은 자신의 선택에 속해 있는 것입니다.** 그러나 일단 결정한 후에는 당신은 자신의 것이 아닌, 그리스도의 것이 되는 것입니다.

손 그림의 엄지손가락이 하나라는 숫자를 나타냈던 것을 기억하십니까? 엄지손가락은 당신이 속해 있고, 또 더불어 교제하는 **한 몸**이 영적 성장에 중요한 원리라는 것을 기억하도록 도와줍니다. 둘째 손가락은 숫자 2를 나타냅니다. 이 손가락은 어떤 진리를 기억하도록 도울까요? 아래에 써보십시오.

예수 그리스도는 당신의 새로운 속성이십니다. 그분은 당신 안에 거하시며, 하나님의 성령이 온전히 당신 안에 거하도록 하십니다. 하나님의 모든 능력이 다 당신 것입니다. 그리스도가 바로 그 능력이시기 때문이지요. 그분은 당신이 하나님의 능력으로 반드시 승리할 수 있다는 것을 알기 원하십니다.

오늘도 하루를 살아갈 때, 당신은 **당신의 선택에 달려 있다는** 것을 기억하십시오. 오늘도 그리스도의 새로운 속성을 당신의 주인으로 선택하십시오. 당신을 통해서 그분의 사랑을 나타낼 수 있도록 하십시오. 당신을 향한 그분의 목적을 이룰 수 있도록 지금 기도하십시오.

내재하시는 그리스도가 주관하는 삶

골로새서 3장 1~7절과 고린도후서 4장 6~10절, 5장 14~18절을 읽으십시오.

다시 한번 그리스도께서 당신 안에 거하신다는 것을 기억하십시오. 당신이 받은 새로운 속성은 바로 예수 그리스도 자신이십니다. 흔히 우리는 예수님께 사랑과 능력과 온유함, 그리고 의로움 같은 그분의 속성을 달라고 구하고 싶어하지요. 그러나 그분은 이런 속성을 우리에게 **주시지 않습니다. 그분 자신이** 우리 안에 거하시는 바로 그 속성이니까요.

이런 모든 본성을 주시는 분은 이미 당신 안에 거하고 계십니다. 당신의 삶을 그분의 인도하심 아래 온전히 맡기기만 하면 그분은 당신의 삶을 통하여 흘러나오게 되는 것입니다. 더욱이 당신은 그분이 당신에게 능력만을 주시는 것이 아니라는 것을 깨닫게 될 것입니다. 주님은 모든 능력의 근원인 **그분 자신**을 당신에게 주십니다. 그분은 당신에게 물 한 잔을 주기보다 우물을 주셨습니다. 당신이 원하는 본성을 주기보다 이런 모든 **본성의 근원 자체**를 주셨습니다. 이 근원이 그리스도 자신이시며 당신의 **새로운 속성**입니다.

갈라디아서 5장 22~23절은 내재하시는 그리스도로 충만해 있을 때 우리가 갖게 되는 특성들이 열거되어 있습니다. 다음은 개역 성경에 나오는 말들입니다.

· 사랑	· 희락	· 화평	· 오래참음	· 자비
· 양선	· 충성	· 온유	· 절제	

골로새서 3장 1~7절에는 새로운 속성에 대해 더 말하고 있습니다. 이 구절들을 지금 읽으십시오. 다음에는 골로새서 2장 12~13절을 읽으십시오. 골로새서 2장 12절은, 골로새서 3장 1절에 나오는 '살리심을 받았다' 는 의미를 설명하기 위해 어떤 비교를 하고 있나요? ______________________________

____

위의 질문에 어떤 규격에 꼭 맞는 답이 있는 것이 아닙니다. 당신의 대답이, 세례란 옛 사람이 그리스도와 함께 장사되고 당신은 그리스도와 함께 새 사람으로 부활했다는것을 상징하는 것이라고 썼으면 됩니다. 세례가 당신에게 새로운 속성을 준 것이 아니라는 것을 기억하십시오. 당신이 세례받을 때 그리스도는 이미 당신 안에 거하고 계셨습니다. 세례란 처음 그리스도를 믿기 시작했을 때 이미 당신에게 일어난 모습이나 상징일 뿐입니다.

CONTROLLED BY THE INDWELLING CHRIST

이제 골로새서 3장 3절과 어제 읽은 제1과의 성경구절을 비교해 보십시오. 어제의 성경구절들 중 어느 구절이 골로새서 3장 3절과 가장 비슷합니까?

갈라디아서 2장 20절이라고 썼습니까? 이 구절이 골로새서 3장 3절과 아주 밀접한 관계가 있다는 데 동의하십니까?

오늘의 성경구절에서, 사도 바울은 당신에게 그리스도인으로서 선택할 것을 골로새서 3장 1절과 2절 그리고 5절에서 촉구하고 있습니다. 이 선택들을 아래에 써 보십시오.

1절 ______

2절 ______

5절 ______

성경은 이 세 가지 선택을 다음과 같이 말하고 있습니다.

- 위엣 것을 찾으라.
- 위엣 것을 생각하고 땅엣 것을 생각지 말라.
- 땅에 있는 지체를 죽이라.

당신이 아무리 성숙한 그리스도인이 된다 하더라도, 당신은 마땅히 행해야 할 좋은 일들을 하기 위해 새로운 속성의 도움으로 자신을 조절해야만 할 때가 있을 것입니다. 하지만 기억하십시오! 당신이 그리스도를 사용하는 것이 아닙니다. **그리스도께서 당신을 사용하시는 것입니다!** 당신은 그저 선택할 따름입니다. 당신은 단지 내재하시는 그리스도의 속성이 당신의 영과 마음과 감정과 몸을 온전히 주관하시도록 선택하기만 하면 됩니다. 골로새서 3장 1~7절의 권면은 새로운 속성이 일할 수 있도록 당신이 해야 할 것들을 보여 줍니다. 당신은 그저 그리스도께만 집중하십시오. 그러면 그분께서 자유롭게 그분의 사랑이 당신을 통해 흐르게 하심으로 당신의 은사들을 그분이 원하시는 대로 사용하실 것입니다. 얼마나 멋진 삶입니까!

'휘어잡다' 혹은 '강권하다' 라는 말과 '담는 그릇' 이라는 말은 특별한 의미가 있습니다. 고린도후서 5장 14~18절에서 사도 바울은 이 말들을 사용하고 있습니다. 어떤 성경에는 '지배하다' 혹은 '다스리다' 라는 말을 사용한 곳도 있습니다. 이 구절에 의하면, 누가 당신의 삶을 다스려야 합니까?

그러므로 새로운 속성인 그리스도의 역할은 당신의 삶을 다스리는 것입니다. 고린도후서 4장 6~10절을 읽고 당신과 새로운 속성의 관계에서 당신이 해야할 일에 대해 비유적으로 설명한 것을 보십시오. 특별히 7절을 보면 당신의 역할을 담는 그릇이 되는 것임을 알 수 있습니다. 7절에 의하면 이 그릇 안에는 무엇이 담겨 있습니까?

내재하시는 그리스도는 이 질그릇 안에 담긴 보배입니다. 그리고 내재하시는 그리스도가 당신 안에 계시기 때문에, 당신의 삶에서 반드시 승리할 수 있는 것입니다. 고린도후서 4장 8~9절을 읽고, 어떻게 이 승리를 네 가지의 대조로 보여 주는지를 읽어 보십시오. 위의 것들 중 지금 당신의 삶에는 어떤 승리가 가장 필요합니까? 혹은 당신은 지금 어떤 다른 승리를 필요로 하고 있는지도 모르겠습니다. 다음의 문장을 당신 자신의 말로 완성해 보십시오.

내게 지금 가장 필요한 승리는 ______________________ 이다.

의심하지 마십시오! 당신은 그리스도인이 되었을 때 새로운 속성을 받았습니다. 그러므로 이제 당신은 그 새로운 속성을 담는 그릇입니다. 그 새로운 속성은 바로 그리스도시며, 당신은 새로운 생명 곧 그리스도의 생명을 담고 있는 그릇인 것입니다.

이제 당신은 더 이상 자신을 지배하지 않습니다. 대신에 당신은 그리스도의 생명으로 지배를 받는 것입니다. 당신은 그분께 당신을 사용할 수 있는 자유를 드려야 합니다. 고린도후서 4장 7절에는 당신을 성서 시대에 귀한 문서를 간직하기 위해서 사용했던 질그릇에 비유하고 있습니다. 물론 당신은 질그릇보다 더 귀합니다. 당신은 인간입니다. 하나님께서 당신의 존엄성을 없애거나 꼭두각시로 만드시려는 것이 아닙니다. 오히려 당신이 '담고 있는' 내재하시는 그리스도께서 당신을 온전하게 만드십니다.

이제 당신은 더 이상 자신을 지배하지 않습니다. 대신에 당신은 그리스도의 생명으로 지배를 받는 것입니다. 당신은 그분께 당신을 사용할 수 있는 자유를 드려야 합니다.

고린도후서 4장 6절은 참으로 놀라운 구절입니다. 당신 안에 거하시는 예수 그리스도의 생명이 바로 하나님의 본성을 당신에게 드러내 보인다고 말하고 있습니다. 당신은 그리스도를 담는 그릇이요, 그분은 바로 하나님의 본성이신 빛이십니다. 많은 사람들이 하나님을 알려고 노력하지만 실패하는 이유는 그들이 그리스도를 담는 그릇이 되기를 원하지 않기 때문입니다. 그리스도의 새로운 속성을 받은 사람들만이 하나님을 알 수 있습니다. 다른 사람들이 당신을 소위 '광신자' 라고 생각해도 놀라거나 당황하지 마십시오. 어둠 가운데 사는 사람들은 빛 가운데서만 보이는 것들을 보지 못한다는 사실을 기억하십시오.

오늘 배운 것에 준하여, 오늘 하루의 삶을 위해서 어떤 결심을 하겠습니까?

- 혹시 당신의 삶 가운데, 그리스도께서 온전히 주관하시도록 맡기지 못하고 자신의 노력으로 행하려 했던 부분이 있습니까?______________________
- 오늘 하루의 삶을 그리스도께 온전히 내어 맡기기 위해서 의식적으로 선택해야만 할 필요가 있습니까?______________________
- 영적으로 환난을 당하고 버림을 받고 거꾸러뜨림을 당하는 것 같은 당신의 마음에 그리스도의 승리를 선포할 필요가 있지는 않습니까?______________________

오늘 하루의 삶을 위해 당신이 결심한 것들에 대해 기도하십시오. 그리고 그 결심들을 아래에 적어 보십시오.

____

그리스도를 왕으로 모셔라

갈라디아서 5장 22-25절과 로마서 6장 12~18절, 8장 26~28절을 읽으십시오.

사과나무에는 사과가 열립니다. 사과나무에서 복숭아가 열릴 수 없는 것은 그 본질이 사과나무이기 때문입니다. 당신의 새로운 속성도 열매를 맺습니다. 당신이 이미 공부한 두 성경구절에 이 열매들이 나와 있습니다. 그 구절들을 아래에 써 보십시오.

암송카드를 가지고 위의 갈라디아서 5장 22~23절을 점검해 보십시오. 성령의 열매는 당신이 무엇을 함으로써 얻는 것이 아니라 당신 자신임을 살펴 보십시오. 모든 성령의 열매들은 어떤 행위가 아니라 특성입니다.

이 아홉 가지 성령의 열매 중에서 당신 자신의 힘으로는 도저히 흉내낼 수 없다고 생각되는 것은 무엇인가요? 어떤 열매가 당신의 삶에서 가장 약하거나 부족합니까? 위에서 당신이 쓴 열매에 표시해 보십시오.

그리스도께서 당신 안에서 이 모든 것이 다 되실 수 있다는 것을 믿으십니까? 물론입니다! 당신이 처음 그리스도인이 되었던 때를 곰곰이 생각해 보십시오. 하나님께서는 당신이 죄사함을 구하기만 하면 다 용서하신다고 약속하셨습니다. 그리고 당신이 구했을 때 그분은 정말 그렇게 해주셨습니다.

하나님께서 이미 약속을 지키셨으므로, 이제 당신의 삶 가운데 하나님이 역사하신다는 사실을 믿을 수 있을 것입니다. 의심할 여지없이 당신은 이미 자신의 힘으로는 절대로 맺을 수 없다고 생각했던 성령의 열매들이, 그리스도인이 된 이래 당신의 삶에서 나타나고 있다는 것을 알게 되었을 것입니다. 이러한 열매들을 볼 때, 당신은 그리스도가 당신 안에 거하신다는 사실을 더욱 확신할 수 있을 것입니다.

로마서 8장 26~28절을 읽으십시오. 26절에 의하면, 당신은 내재하시는 그리스도께 당신이 어떤 부분에 연약한지를 말씀드려야 합니까? 왜 그렇게 생각하십니까?

____

____

____

절대로 "나는 어떻게 기도해야 할지 모르기 때문에 많이 기도하지 않아." 라는 진부하고 구차한 핑계를 대지 마십시오. 당신이 허락하기만 하면, 내재하시는 성령께서 조용히 당신의 마음속 깊은 생각들을 위해서 기도해 주십니다. 로마서 8장 26절의 말씀과 같이 '성령께서도 우리의 연약함을 도와' 주셔서 '우리가 어떻게 기도해야 할 것도 알지 못하지만, 성령께서 친히 이루 다 말할 수 없는 탄식으로 우리를 대신하여 간구해 주십니다.'

로마서 8장 27절은 이것을 더욱 확신시켜 줍니다. 다음의 빈칸은 같은 분을 지칭합니다. 빈칸을 채워 다음의 문장을 완성하십시오. "마음을 감찰하시는 __________ 가 성령의 생각을 아시나니 이는 성령이 __________ 의 뜻대로 성도를 위하여 간구하심이니라"

로마서 8장 28절은 새로운 속성이 당신의 삶을 지배하는 결과로 나타나는 것들에 대해 말하고 있습니다. 이 구절을 읽고 다음의 문장에서 어느 것이 더 맞는지 표시하십시오.

○ 하나님을 사랑하는 사람들에게는 좋은 일만 생긴다.
○ 하나님을 사랑하는 사람들에게는 모든 일이 서로 협력해서 선을 이룬다.

두 번째 문장에 표시하셨습니까? 하나님께서는 당신에게 나쁜 일이 생기도록 하지 않으십니다. 아니, 어떤 일이든 '생기도록' 하지 않으십니다. 나쁜 일이 생기는 것은 흔히 당신이나 다른 사람들이 하나님의 뜻 밖에서 행했기 때문일 경우가 많습니다. 그러나 나쁜 일이 일어났을 때라도 당신이 하나님께서 삶을 주관하시도록 맡기기만 하면, 그 상황에서도 당신에게 가장 좋은 것으로 역사해 주실 것입니다.

그리스도를 왕으로 모셔라

매일 순간 순간마다 당신은 그리스도인으로서 결단해야 할 것이 있습니다. 그것은 예수 그리스도를 당신 삶의 주인으로 모시는 것입니다. 그렇게 할 때, 그분의 본성이 당신을 주관하게 되어 당신은 성령의 열매를 맺게 되는 것입니다. 당신은 '주님같이 되기 위해서' 애쓸 필요가 없습니다. 그저 당신 안에 거하시는 주님이 주님 자신이 되도록 하기만 하면 됩니다. 기억하십시오. '내재하시는 그리스도, 우리의 모든 것을 주관하신다.'

매일 순간 순간마다 당신은 그리스도인으로서 결단해야 할 것이 있습니다. 그것은 예수 그리스도를 당신의 삶의 주인으로 모시는 것입니다.

유감스럽게도 바람직하지 않은 말이나 행동들이 그리스도인들의 삶에 슬며시 들어옵니다. 아마 당신 자신의 삶에서도 이런 일들을 체험했을 것입니다. 얼마나 많은 사람들이 기독교인답지 않은 행동이나 태도를 취하고 나서, "인간의 본성이 그러니 별수 없잖아?" 하고 핑계를 댑니까? 그리스도인들은 인간의 본성대로 살아서는 안 되기 때문에 이 핑계는 잘못 된 것입니다. 그리스도는 우리의 새로운 속성이시고, 날마다 우리의 태도와 행동을 변화시켜 주십니다.

당신에게 인간의 본성이 없다는 말이 아닙니다. 천만에요! 당신의 삶을 그리스도께 맡기기 전과 같이 인간의 본성은 여전히 있지요. 로마서 6장 12~18절에 쓰여진 옛 속성에 대해 읽어 보십시오. 이 구절에서는 당신을 지배하는 권세를 가진 왕으로 죄를 그리고 있습니다. 12절에 의하면, 당신은 누가 당신을 지배하도록 하는지를 선택합니다. 이제 17절을 보십시오. 이 구절에 의하면, 당신이 죄를 지배자로 선택할 때 어떤 일이 일어납니까?

____

____

당신의 삶에서 누가 **'죄의 왕'** 입니까? 제일 찾기 쉬운 방법은 **죄(SIN)**의 단어 중간에 있는 모음 'I', 즉 **'나'** 입니다. 죄란 **나(I)**의 문제입니다. 내가 원하는 것을 선택할 때 죄의 왕이 지배하게 됩니다. 그리고 나는 정욕에 복종하게 되고 내 몸의 지체는 '불의의 연장' 이 되는 것입니다(로마서 6장 12~13절).

당신은 자신의 선택에 달려 있습니다. 당신을 그리스도께서 지배하시도록 선택하면, 새로운 속성인 그리스도를 통하여 당신의 삶에 열매가 맺게 됩니다. 만약 당신이 죄의 왕(사실은 '나')에게 자신을 내주기로 선택한다면, 당신은 그 왕의 노예나 종이 되고 하나님께 불순종하는 결과를 낳게 됩니다.

당신의 옛 속성은 바로 인간의 본성입니다. 이것은 당신 안에 있는 죄의 본성이기도 합니다. 그것은 당신이 그리스도인이 되었을 때 없어지지 않았습니다. 다만 처음으로 왕의 자리를 박탈당했습니다. 처음으로, 죄는 당신이 스스로 다시 종이 되기로 선택하지 않는 한 더 이상 당신을 지배할 권세를 잃어버린 것입니다.

얼마나 이해했는지 점검하기 위해 다음의 질문에 답해 보십시오.

■ **당신 안에 거하는 새로운 속성은 누구입니까?**

■ **당신 안에 거하는 옛 속성은 누구입니까?**

■ **누가 당신을 지배할 것인지를 선택합니까?**

로마서 6장 12~13절의 말씀에 유의하십시오. "그러므로 너희는 죄로 너희 죽을 몸에 왕노릇하지 못하게 하여 몸의 사욕을 순종치 말고 또한 너희 지체를 불의의 병기로 죄에게 드리지 말고 오직 너희 자신을 죽은 자 가운데서 다시 산 자 같이 하나님께 드리며 너희 지체를 의의 병기로 하나님께 드리라"

당신은 어느 '지체' 든지 죄의 왕이 지배하도록 해서는 안 됩니다. '당신의 전부' 를 내재하시는 그리스도께서 다스리시도록 해야 합니다.

위의 구절에서 '당신은 자신의 선택에 달려 있다.' 라는 의미를 찾을 수 있습니까? 죄의 왕은 단지 퇴위(退位)됐을 뿐이지 죽은 것이 아님을 기억하십시오. 로마서 6장 18절에서 당신이 의의 종이 되었다는 것은 무엇을 의미한다고 생각합니까? 16~17절에 중요한 단어가 서너 번 나옵니다. 무슨 단어일까요?

순종이라고 쓰셨습니까? 당신은 당신의 옛 속성인 죄의 속성에 순종하기를 선택하거나, 새로운 속성인 그리스도께 순종하기를 선택하는 것입니다. 그리고 당신이 어떤 속성에 순종하든지 자신이 선택한 바로 그 속성의 종이 되는 것입니다.

오늘 당신의 삶에서 자신을 퇴위시키고 그리스도를 왕으로 모시기 위해 결단해야 하는 부분이 있습니까? 지금 시간을 두고 묵상한 후에 기도하십시오. 성령님께 당신 삶의 어느 부분에 그리스도를 왕으로 모셔야 하는지 보여 달라고 부탁하십시오. 그리고 지금 당신이 부탁드린 바로 그 부분에서, 내재하시는 그리스도가 왕이 되어 주시도록 기도하십시오. 이제는 그 부분에서도 주님이 당신의 왕이 되신 것을 삶 가운데 나타낼 수 있도록 주님께 도움을 청하십시오.

3 단원

제 4 과

개조할 수 없는 옛 속성

로마서 7장 15, 18~25절, 8장 5~9절과 갈라디아서 5장 19~21절, 24~25절을 읽으십시오.

로마서 7장 15절과 18~21절은 옛 속성을 바꿔보려고 애쓰는 그리스도인의 갈등을 그리고 있습니다. 이 갈등을 당신 자신의 말로 요약해서 써보십시오.

당신은 다음과 같이 적었습니까?

"나는 선을 행하기를 원하지만 … 선을 행할 수 없다."

"나는 악을 행하기를 원치 않지만 … 악을 행한다."

당신은 자신의 삶의 어떤 면에서 방금 요약한 것과 같은 갈등을 발견합니까? 시간을 두고 잘 생각해 본 후에 아래에 적어 보십시오.

내재하시는 그리스도께서 당신이 이렇게 갈등하도록 내버려두신다는 것이 잘 이해되지 않습니까? 그러나 당신의 옛 속성이 변하지 않았기 때문에 이런 갈등이 있는 것입니다. 사과나무의 뿌리가 있는 한 가지는 사과나무 열매를 맺습니다. 뿌리의 본성이 열매의 본성을 결정하니까요. 당신의 옛 속성은 아직도 당신이 그리스도인이 되기 전과 같은 열매를 맺으려고 합니다.

갈라디아서 5장 22~23절은 새로운 속성의 열매를 나열하고 있습니다. 그 열매들을 아래에 적어 보십시오.

이제는 갈라디아서 5장 19~21절을 읽고 옛 속성의 열매를 나열해 보십시오.

당신이 그리스도인이 되기 전에 직접 경험했던 옛 속성과 관련된 행동들이 몇 가지나 되는지 세어보고 아래의 '이전' 이라는 말의 옆에 써넣으십시오. 다음에는 당신이 그리스도인이 된 후에 경험했던 행동들을 세어보고 '이후' 라는 말의 옆에 써넣으십시오. 이 두 숫자를 비교해 볼 때 무엇을 알 수 있습니까?

이전 ________________ 이후 ________________

많은 그리스도인들은 자신의 옛 속성을 지나치게 '신뢰하는' 경향이 있습니다. 그들은 자신들의 삶을 그리스도께 드리기만 하면, 자신들을 방황하게 했던 모든 것에서 저절로 자유로워진다고 생각합니다. 아주 위험한 착각이지요! 그들은 옛 속성은 변하지도 않고 신뢰할 만한 것도 못된다는 사실을 잊어버립니다.

이것은 전에 알코올 중독자였던 두 사람의 경우와 비슷합니다. 두 사람 다 누가 보기에도 과거의 습관은 버렸습니다. 그러나 한 사람은 너무 자신만만해서 자기가 언제라도 그만 마실 수 있다는 것을 보여 주기 위해 '조금씩만' 마셨습니다. 그 결과 그는 다시 알코올 중독에 빠지고 말았습니다. 그러나 다른 사람은 자신을 믿을 수 없다는 것을 잘 알았습니다. 그는 자기가 다시는 술을 마시지 않도록 유혹을 받을 만한 장소와 시간은 어느 경우를 막론하고 피했습니다.

당신은 왜 사람들이 그리스도인이 된 후에도 옛 속성을 그렇게 쉽게 믿는다고 생각하십니까?

개조할 수 없는 옛 속성

아마도 당신은 우리가 죄를 심각하게 생각하지 않는다고 썼거나, 혹은 죄가 우리로 하여금 옛 속성을 지나치게 신뢰하게 함으로써 다시 우리를 지배하려고 하기 때문이라고 썼을지도 모릅니다. 때로 어떤 그리스도인들은 한번 혼이 난 후에야 옛 속성을 신뢰할 수 없다는 것을 깨닫습니다. 자신, 나, 죄 이런 것들은 모두 옛 속성을 나타내는 말들입니다. 옛 속성은 절대로 변하지 않고 여전히 나쁜 열매를 맺을 것입니다.

옛 속성은 죽지 않기 때문에 당신 안에서는 매일 내란이 일어나고 있습니다. 당신의 새로운 속성과 옛 속성이 서로 끊임없이 싸우고 있는 것입니다. 로마서 7장 22~25절을 읽으십시오. 이것은 내재하시는 그리스도를 자신의 삶의 주인으로 모시기 위한 분명한 결단을 하지 않은 사람들의 갈등을 그리고 있습니다. 23절은 전쟁의 결과로 흔히 생기는 포로 문제에 대해 말하고 있습니다. 그리고 24절은 어떤 무서운 장면을 그리고 있습니다. 고대의 정복자들은 죄수들을 고문하는 끔찍한 방법을 고안해냈습니다. 죄수에게 시체를 꽁꽁 동여매서 그들이 만약 도망가려고 하면 등에 시체를 업고 도망가도록 만든 것입니다!

24절에서 사도 바울은 자신이 당한 끔찍한 고문을 생각하고 이런 질문을 했을지도 모릅니다. 이 질문은 무엇입니까?

"이 사망의 몸에서 누가 나를 건져 내랴"라고 바울은 탄원하고 있습니다. 로마서 7장 25절에는 이러한 내란 가운데서 당신을 건져 주실 분의 이름과 직함이 나와 있습니다. 옆에 적어 보십시오.

이름 ____________________

직함 ____________________

이 직함은 당신의 두 속성간의 내란을 종결 짓는 데 어떤 중요한 의미를 가집니까?

만약 예수 그리스도가 진실로 당신의 주님이시라면, 그분이 당신의 삶을 주관하셔야 합니다. 당신은 그분께만 복종하고 당신의 옛 인간적인 속성에 복종하지 말아야 합니다. 성경은 이 '옛 속성'을 '육신'이라고 표현하고 있습니다. 이 말들이 무엇을 의미하는지 기억하고 로마서 8장 5~6절을 읽으십시오. 이 두 구절은 당신이 그리스도인으로서 경험할지도 모르는 두 가지의 상반되는 삶을 표현하고 있습니다. 하나는 옛 본성의 지배에 굴복하여 사는 그리스도인의 삶이고, 다른 것은 새로운 본성의 지배 하에 사는 그리스도인의 삶의 모습입니다. 이 상반되는 것들을 보기 위해 다음 표를 완성해 보십시오.

로마서 8장 5~6절	옛 속성	새로운 속성
마음가짐(5절)		
결과(6절)		

로마서 8장 7~8절에는 내재하시는 그리스도께 자신의 삶을 온전히 맡기지 못한 그리스도인에 관한 네 가지의 부정적인 말들이 나와 있습니다. 읽고 다음 문장을 완성해 보십시오.

- 그는 하나님과 ______________________.
- 그는 ______________________ 않는다.
- 그는 ______________________ 없다.
- 그는 ______________________ 없다.

당신은 다음과 같이 적으셨습니까?

- 그는 하나님과 원수가 된다.
- 그는 하나님의 법에 굴복하지 않는다.
- 그는 굴복할 수도 없다.
- 그는 하나님을 기쁘시게 할 수 없다.

개조할 수 없는 옛 속성

로마서 8장 5~8절을 공부하고 나서 당신 자신의 삶에 대해 어떤 결론 내렸습니까?

로마서 8장 9절은 당신 안에 성령님께서 내재하신다고 말합니다. '내재한다' 는 말은 '영원히 안에서 산다' 는 의미입니다. 주님이신 그리스도가 온전히 주관하지 못하시는 당신의 삶의 영역이나 시간이 있습니까? 이 질문에 대한 답을 아래에 적어 보십시오.

당신에게는 마지막 두 질문에 대한 대답을 글로 쓰는 것이 어려웠을지도 모릅니다. 그러나 기억하십시오. 당신의 마음을 글로 표현하기는 힘들더라도 언제나 그것에 대해 기도할 수는 있습니다. 내재하시는 성령님께서 당신의 마음을 이해하시고 하나님께 아뢰어 주십니다. 오늘 경건의 시간을 끝내기 전에, 위의 마지막 두 질문을 묵상하고 기도하십시오.

NO REFORMATION

순종을 통해 얻는 승리

에베소서 4장 22~24절, 마태복음 5장 21~22절, 27~28절, 빌립보서 4장 7~8절, 그리고 로마서 8장 37~39절, 6장 1~11절을 읽으십시오.

에베소서 4장 22절에서 사도 바울은 그리스도인들이 옛 속성을 벗어버리기 위해 의도적인 선택해야 하는 문제를 다루고 있습니다. 어느 날 그는 **의도적으로 낡은 옷을 벗어서** 다시는 입지 않으려고 버립니다.

이런 종류의 결단이 당신 안에서 일어나는 내적 갈등을 해결하는 방법입니다. 당신의 옛 속성은 아직도 살아서 활동하고 있습니다. 그러나 당신이 그것을 버리기로 결단할 때, 그것은 더 이상 힘을 쓸 수 없는 것입니다. 예수 그리스도께 영원히 당신을 맡기기로 결정하면, 그분의 능력이 당신 안에서 역사할 것입니다.

에베소서 4장 23절에서 바울은 당신의 마음의 영을 새롭게 하라고 말합니다. 예수님께서도 우리의 생각과 행동간의 관계에 대해 재미있는 말씀을 하셨습니다. 마태복음 5장 21~22절과 27~28절을 읽어 보십시오. 예수님께서는 우리의 모든 행동이 어디에서 시작된다고 말씀하셨습니까?

____

____

____

'마음' 혹은 '생각' 이라고 쓰셨습니까? 당신의 마음을 새롭게 하기 위해서 무엇을 할 수 있다고 생각합니까? 사도 바울은 빌립보서 4장 7~8절에서 좋은 권면을 하고 있습니다. 이 구절들을 요약해서 써보십시오.

____

____

____

성경에서 사도 바울의 권면은 다음과 같습니다. "그리하면 모든 지각에 뛰어난 하나님의 평강이 그리스도 예수 안에서 너희 마음과 생각을 지키시리라 종말로 형제들아 무엇에든지 참되며 무엇에든지 경건하며 무엇에든지 옳으며 무엇에든지 정결하며 무엇에든지 사랑할 만하며 무엇에든지 칭찬할 만하며 무슨 덕이 있든지 무슨 기림이 있든지 이것들을 생각하라"(빌립보서 4장 7~8절). 위에서 이런 모든 생각들을 담은 요약을 하셨습니까?

로마서 8장 37절을 읽으십시오. 당신이 그리스도를 삶의 주인으로 모실 때, 그리스도는 당신에게 무엇을 주시는지 찾아보십시오. 당신은 어떤 종류의 승리를 얻을 수 있습니까?

로마서 8장 38~39절에는 세상의 어떤 것도 당신을 예수 그리스도 안에 있는 하나님의 사랑에서 끊을 수 없다고 확언하고 있습니다. 특별히 38절에 어떠한 '삶'도 당신을 그리스도의 사랑에서 끊을 수 없다고 한 말을 유의해 보십시오. 당신은 때로 새로운 속성을 가지고 살아갈 때, '삶의 문제'들이 가장 방해가 되는 요인이라고 느낄 때가 있을 것입니다. 그리스도는 당신이 당면하고 있는 모든 문제의 승리자가 되십니다. 당신은 삶에서 어떤 문제에 당면하든지, 단지 그분을 그 문제 가운데로 모셔들이기만 하면 됩니다. 그러면 그분은 무한하신 능력으로 도와주십니다. 그것이 바로 기도입니다.

로마서 8장 38~39절에는 세상의 어떤 것도 당신을 예수 그리스도 안에 있는 하나님의 사랑에서 끊을 수 없다고 확언하고 있습니다.

사도 바울은 그리스도인이 여전히 옛 속성의 지배 하에 산다는 것은 변명의 여지가 없이 잘못된 것이라고 말합니다. 로마서 6장 1~2절을 읽어 보십시오. 2절에서 바울은 대답하기 힘든 질문을 던지고 있는데 어떤 질문입니까?

로마서 6장 3~5절에서 사도 바울은 세례란 당신의 삶에서 이미 일어난 것을 공중 앞에서 고백하는 것이라고 설명합니다. 이것은 무슨 고백입니까?

세례식에서 당신의 죄인 된 옛 사람은 죽고, 그리스도 안에서 새로운 생명으로 부활했음을 고백합니다. 로마서 6장 6~7절은 당신을 옛 속성의 세력에서 해방시키기 위해 무슨 일이 일어났다고 말합니까?

당신은 옛 속성의 행동을 살짝 바꾸어 마치 새로운 속성인 그리스도의 삶처럼 흉내낼 수는 없습니다. 그보다 당신은 끊임없이 당신의 옛 속성을 버려야 합니다.

바울은 당신의 옛 속성은 그리스도와 함께 십자가에 달려 죽었다고 말합니다. 그러면 로마서 6장 8~11절은 그리스도인으로서의 당신의 삶을 어떻게 설명하고 있습니까?

사도 바울은 새로운 속성의 지배 하에 살기 위한 지침을 가르쳐 주고 있습니다. 로마서 6장 12~13절을 읽고 이 지침을 당신 자신의 말로 적어 보십시오.

당신은 옛 속성의 행동을 살짝 바꾸어 마치 새로운 속성인 그리스도의 삶처럼 흉내낼 수는 없습니다. 그보다 당신은 끊임없이 당신의 옛 속성을 버려야 합니다. 예수님을 닮아 보려고 노력하는 것은 한 마디로 불가능합니다. 오히려 당신은 예수 그리스도가 당신의 삶의 왕으로 다스리시도록 해야 합니다. 그분께 당신의 생각을 인도하고 당신의 행동을 주관하시도록 맡겨야 합니다. 그렇게 할 때, 예수님께서 당신의 삶에 들어오셔서 당신의 주님이 되시는 문제를 단번에 해결하게 됩니다.

그리스도인이 된다는 것은 단지 어떤 행동을 한다는 뜻이 아닙니다. 그것은 어떤 분을 안에 모신다는 의미입니다. 그리스도께서는 당신 안에 계십니다. 그분은 당신의 새로운 속성입니다. 당신은 그분을 당신의 삶의 —당신의 말과 습관과 그

밖의 모든 것들의— 인도자로 모시기로 선택만 하면, 그분은 당신 인생의 왕으로 당신 안에 거하십니다. 그분이 주시는 영적 은사들이 당신의 삶을 통해 흘러나오게 됩니다. 당신은 지금 살고 있는 삶이 당신 자신의 삶이 아니요, 그리스도의 삶이라는 것을 알게 될 것입니다.

이렇게 한번 생각해 봅시다. 당신이 위대한 축구선수가 되기를 원한다고 가정해 봅시다. 설사 모든 조건을 다 갖추지는 못했다 할지라도, 당신은 있는 힘을 다해서 노력합니다. 그러나 그것만으로는 충분하지 않습니다. 당신이 최선을 다했어도 실패했다는 것을 깨닫게 됩니다. 그런데 옆에서 한 사람이 걸어 나와서 자신을 소개합니다. 당신의 가슴이 두근거리기 시작합니다. 그는 바로 역사상 가장 위대한 축구선수이기 때문이지요. 그가 이상한 제안을 합니다. 그는 자신이 가진 힘과 지식과 기술을 모두 당신에게 주겠다고 말합니다.

당신은 이 제안을 받아드립니다! 일순간에 당신은 상상하지도 못할 만한 기술로 공을 차고 빨리 달립니다. 머리가 놀랄 만큼 잘 움직여서 경기에 필요한 모든 것을 다 기억합니다. 군중은 당신에게 열광적으로 환호합니다! 당신은 전설적인 영웅과 같은 게임을 하고 있습니다. 그러나 당신은 마음속으로, 이렇게 놀라운 게임을 하고 있는 사람이 누구인지를 압니다. 당신은 역사상 가장 유명한 축구선수의 힘과 기술과 지식과 능력을 당신 몸에 지니고 게임을 하고 있는 것입니다. 이런 경험은 당신을 겸허하게 만들 것입니다. 다른 사람들은 당신에게 찬사를 보낼지라도, 당신은 이것을 가능케 하는 참 근원을 압니다.

그리스도께서는 당신의 평생동안 이것을 해 주실 것입니다. 당신의 삶은 당신의 선택에 달려 있습니다. 오늘도, 내일도, 그리고 영원히 주님을 당신의 왕으로 모시십시오. 그리스도께서는 당신이 넉넉히 이길 수 있도록 보장해 주십니다!

현재 당신 삶의 경기장에서 어떤 문제들이 당신을 쓰러뜨리려고 합니까? 코치가 잠시 경기 휴식을 선포하고 당신을 옆으로 불러내어, "지금 뭐가 잘못된 거지?" 하고 묻는다면 어떻게 대답하겠습니까? 아래에 답을 써보십시오.

제3단원

두 가지 속성 : 옛 속성과 새로운 속성

단원학습

이번 주에 당신은 당신의 삶에서 끊임없이 갈등을 일으키는 옛 속성과 새로운 속성에 관해 배웠습니다. 그리고 새로운 속성이 옛 속성을 이기고 승리하는 삶을 살 수 있는 방법도 배웠습니다.

옛 속성은 무엇입니까?

새로운 속성은 누구입니까?

옛 속성이 당신의 삶에서 얻고자 하는 목적이 무엇인지 간단히 설명해 보십시오.

새로운 속성이 당신의 삶에서 얻고자 하는 목적이 무엇인지 간단히 설명해 보십시오.

'당신은 당신의 선택에 달려 있다.' 라는 말은, 당신의 죄와 내적 갈등과 어떤 관계가 있습니까?

당신의 삶에서 맺은 새로운 속성의 열매는 당신이 선택할 때나 혹은 다른 사람들과의 관계에서 어떤 변화를 가져왔습니까?

제4단원

구원의 세 가지 단계

단원 개요

지난 주에는 어떻게 옛 속성이 계속 남아 있어서, 사탄이 당신의 영적 삶을 방해하려고 시도하는 데 사용하는지를 공부했습니다. 사탄은 당신의 옛 속성으로 인한 끊임없는 갈등을 이용하여, 당신이 그리스도와의 관계를 의심하게 만듭니다. 당신은 어쩌면 '내가 정말 구원을 받았나?' 하는 생각이 들 때가 있을지도 모릅니다.

당신이 배워야 할 또 다른 과제는, 당신이 구원받은 사실에 의심이 생길 때 어떻게 극복해야 하는가 하는 것입니다.

이번 주의 주제는

구원의 세 가지 단계입니다.

당신은 그리스도인이 된다는 것이 일생 동안 계속되는 과정의 출발점에 불과하다는 것을 배울 것입니다. 당신의 삶에서 죄에 대해 온전한 승리를 거두는 것은 그리스도가 다시 오셔서 우리에게 그분의 승리를 안겨 주실 때뿐입니다.

한 사건에 대한 세 가지 단계

빌립보서 1장 3~11절을 읽으십시오.

아마도 당신은 처음 그리스도를 구주로 영접하고 자신을 주님께 모두 다 드릴 것을 기도한 순간, 그리스도께서 당신에게 주실 수 있는 모든 것을 다 주셨다고 생각했을 것입니다. 그렇지요. 당신 생각이 옳습니다!

그 순간에 당신은 용서받고, 자유함을 얻고, 그리스도를 모신 하나님의 자녀가 된 것입니다. 그것은 과거에 일어난 일이지요. 또 그 순간 당신은 하나님으로부터 어떤 권리를 받았고 유산도 상속받았습니다. 그 권리는 현재 당신이 주장할 수 있는 것입니다. 그러나 유산은 미래에 받게 될 것입니다.

그러므로 구원에는 과거, 현재, 미래의 세 가지 단계가 있습니다. 사도 바울은 이것을 깨달았고 빌립보에 있는 성도들에게 설명했습니다. 당신이 읽은 빌립보서 1장 3~11절이 바로 이것입니다.

■ 바울은 빌립보에 있는 성도들을 기억할 때마다 무엇을 했습니까?(3절)

■ 바울이 빌립보에 있는 성도들로 인해 하나님께 감사하며 또 기도할 때마다 어떤 감정을 느꼈습니까?(4절)

■ 바울이 기쁨으로 간구했을 때, 그가 하나님께 빌립보 성도들에 관하여 감사한 것은 무엇이었습니까?(5절)

■ 바울은 복음을 전하는 일에 빌립보 성도들이 함께 참여했기 때문에, 그들을 어디에 두고 있다고 했습니까?(7절)

■ 바울은 빌립보 성도들을 향한 사랑과 애정이 아주 강했는데, 그는 이 감정을 누구의 심장과 비교했습니까?(8절)

바울은 빌립보 성도들을 향한 애정이 마치 예수 그리스도의 사랑과 같이 느껴졌기 때문에, 그들이 구원의 세 가지 단계에 관해 이해하기를 원했습니다. 빌립보서 1장 6절만큼 이것에 대해 잘 요약해 놓은 성경구절이 없습니다. 이 구절은 당신의 이번 주 암송구절입니다. 이 교재 뒤에 있는 암송구절 카드를 잘라서 외우기 시작하십시오.

아래의 도표는 빌립보서 1장 6절의 내용을 다른 각도에서 보여 주고 있습니다. 가운데 칸은 시간의 경과를 나타냅니다. 양쪽 칸은 사건을 나타냅니다. 빌립보서 1장 6절을 읽고 과거, 현재, 미래의 세 가지 구원의 단계에 해당하는 곳에 써넣어 보십시오.

앤은 믿은 지 오래된 친구인 탐에게, 그리스도를 영접한다는 것은 구원의 목적(end라는 단어는 '목적'이라는 뜻과 함께 '마지막' 혹은 '결과'라는 의미를 함께 지니고 있음—역자 주)이라고 말했습니다. 탐은 앤이 'end'라는 말을 '목적'이라

출발점	시간의 경과	마지막 사건
"너희 속에 착한 일을 시작하신 이가"	"이루실 것이다"	"그리스도 예수의 날까지"
죄의 '대가'에서 자유함을 얻는다.	죄의 '권세'에서 자유함을 얻는다.	죄의 '존재'에서 자유함을 얻는다.
그리스도의 보혈로 정결하게 된다.	내재하시는 그리스도의 삶을 살게 되므로 자유로워진다.	그리스도의 재림 시에 유산을 상속받게 된다.

는 의미가 아닌, '마지막'이란 의미로 사용했다고 오해하고 말하기를, "마지막이라고? 그렇다면 처음 단계의 마지막(front-end)이지!" 하고 외쳤습니다.

위의 표에서 보는 것과 같이, 그리스도를 구세주로 영접했다는 것은 구원의 시작 단계의 마지막일 뿐입니다. 앞으로 더 많은 것들이 남아 있습니다!

당신은 자신이 하나님의 자녀임을 압니다. 그러나 아직 그리스도가 당신을 위해 예비해 놓으신 모든 것을 다 알지는 못할 것입니다. 당신이 구원받았다는 것은

알지만, 그 외에 다른 무엇을 소유하고 있는지를 알면 그것을 즐길 수가 있을 것입니다.

이제 손 그림을 다시 복습해 봅시다. 빈곳에 무엇을 써넣어야 하는지 적어 보십시오. 손의 가운데는 다른 손가락들이 다 협력해서 일해야 하는 중심 원리를 써넣어야 합니다. **"내재하시는 그리스도, 우리의 모든 것을 주관하신다"**는 원리는 당신이 그리스도인이 되었을 때, 새로운 관계를 갖게 된 것을 의미합니다.

엄지손가락은 우리가 그리스도 안에서 **한 몸**이 되었음을 상기시킵니다. 그러나 한 몸이 되었다는 것만으로는 그리스도인으로서 당신의 삶에서 유혹과 갈등이 없어졌다는 것을 의미하지 않습니다. 그러므로 당신은 두 가지 속성에 관한 원리를 배웠습니다. 둘째 손가락에 **두 가지 속성**이라고 적었습니까? 이제는 이번 주에 공부한 원리를 가운데 손가락에 적으십시오.

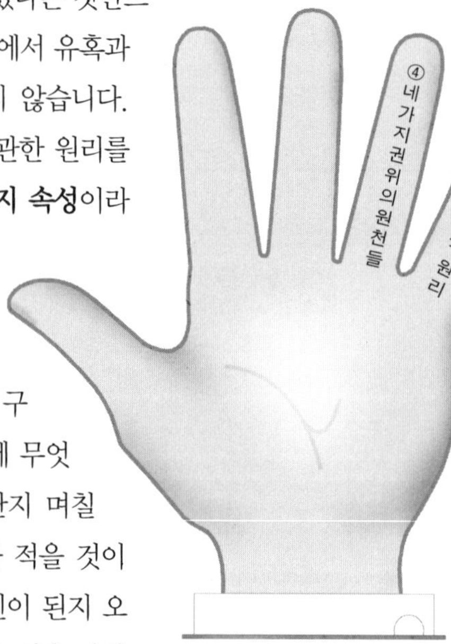

당신이 그리스도인이 된 이래, 구원받은 것이 당신의 매일의 생활에 무엇을 가져다 주었습니까? 당신이 단지 며칠 전에 구원받았다 할지라도 무언가 적을 것이 있을 것입니다. 당신이 그리스도인이 된지 오래되면 오래될수록 더 길게 적을 수 있을 것입니다. 지금 마음에 떠오르는 대로 적어 보십시오.

이제는 당신이 제1단원에서 배운 것을 참고로 하여 빌립보서 1장 9~11절을 묵상하십시오. 당신이 배우거나 본받고자 하는 가르침을 한 가지 이상 선택하여 오늘 당신의 삶에 적용하겠다고 하나님께 약속하십시오.

구원의 시작

에베소서 1장 12~13절, 2장 3~6절 8~10절, 12~13절 17~19절을 읽으십시오.

오늘의 성경구절들은 모두 다 과거 구원, 즉 당신이 그리스도를 구세주로 영접한 순간에 관한 내용들입니다. 방금 읽은 에베소서 2장에 의하면, 그 순간에 하나님께서는 무슨 일을 하셨습니까? 5절에서 이것을 두 가지로 설명하고 있습니다. 이것들을 적어 보십시오.

1. ______

2. ______

허물로 죽었던 당신을 그리스도와 함께 살려 주셨다는 것과 당신은 은혜로 구원받았다는 내용을 적었습니까? 6절은 그 순간 하나님께서 무엇을 하셨는지에 대한 설명이 더 나와 있습니다. 그것을 적어 보십시오.

1. ______

2. ______

하나님께서 그리스도 예수 안에서 우리를 그분과 함께 살리시고 하늘에 함께 앉게 하셨습니다. 5절과 6절에 있는 '우리'라는 말에는 어떤 중요한 의미가 있습니까? 에베소서 2장 19절을 참고해 보십시오. 제2단원에서 배운 것이 기억나십니까? 손 그림에서 엄지손가락을 보면 무엇이 생각납니까?

에베소서 2장 8~9절에 의하면, 당신은 그리스도를 통하여 하나님의 죄 사함을 받기 위해 무엇을 해야만 했습니까?

______

______

당신이 에베소서 2장 8~9절을 완전히 이해하여 위의 질문에 '아무 것도 없다'고 적으셨기를 바랍니다. 이제는 에베소서 2장 12~13절을 읽으십시오. "그때에 너희는 그리스도 밖에 있었고 이스라엘 나라 밖의 사람이라 약속의 언약들에 대하여 외인이요 세상에서 소망이 없고 하나님도 없는 자이더니 이제는 전에 멀리 있던 너희가 그리스도 예수 안에서 그리스도의 피로 가까워졌느니라"라는 말씀은 무엇을 의미합니까? 에베소서 2장 17~18절 말씀이 이것을 더 명확하게 설명해 줍니다. 당신이 그리스도를 믿는 그 순간 누구에게 언제나 곧 나아갈 수 있는 길이 열렸습니까?

당신은 그리스도를 통해서 하나님 아버지께 나아갈 수 있는 길을 얻었습니다. 이제 에베소서 2장 3절, 5절, 12절 그리고 17절을 다시 읽어 보십시오. 그리스도께서 당신을 죄의 대가로부터 해방시켜 주셨을 때까지 당신의 상태는 어땠습니까? 당신 자신의 삶 가운데 이런 특성들이 얼마나 있었는지 적어 보십시오.

당신은 그리스도께서 당신의 삶 속에 들어오도록 처음 기도했던 바로 그 순간에, 그리스도께서 당신을 위해서 무엇을 하셨는지를 알면 놀라움을 금할 수가 없을 것입니다!

에베소서 2장은 당신이 위에 적었을지도 모르는 특성들이 나열되어 있습니다. 각 특성의 옆에 이것을 언급하고 있는 구절의 번호를 적으십시오. (답은 91쪽에 있습니다.)

육체의 욕심 (　　　　　　)	**죽음 (　　　　　　)**
멀리 떠나 있음 (　　　　　　)	**소망이 없음 (　　　　　　)**
하나님이 없음 (　　　　　　)	**그리스도가 없음 (　　　　　　)**

당신은 그리스도께서 당신의 삶 속에 들어오시도록 처음 기도했던 바로 그 순간에 그리스도께서 당신을 위해 무엇을 하셨는지 알면 놀라지 않을 수 없을 것입니다! 그분은 당신을 '당신 자신'이 모든 것을 결정하던 그 세계에서 불러 내셨습니다. 그분은 또한 당신이 일생동안 범한 모든 죄와 그릇된 행동들을 그 자리에서 다 용서하셨습니다. 그분은 자신의 생명을 당신 안에 두시고, 당신을 천국의 시민으로 맞아 주셨습니다. 바로 그 순간에, 당신의 삶이 끝날 때 하나님으로부터 떨어질까봐 걱정하는 두려움에서 영원히 자유롭게 해 주셨습니다. 이런 것들은 영원히 해결된 것입니다. 아무것도 당신이 그리스도 안에서 누리는 새로운 삶을 빼앗

아가지 못합니다. 당신은 영원히 그분의 것입니다!

에베소서 1장 12~13절에서 사도 바울은 그 당시에 행하던 관습에 비유하여 재미있는 설명을 합니다. 그 당시에 재산의 소유주는 흔히 자신이 친히 서명한 인봉을 쓰거나 도장을 새겨서 자신의 소유권을 나타냈습니다. 자신의 소유권을 나타내는 표시로 인봉이나 도장을 진흙이나 왁스 같은 부드러운 것에 새겨서 자기 소유물에 붙였습니다. 때로는 이런 도장이나 인봉을 반지로 만들어서 끼고 다니기도 했습니다.

자, 이제 이 구절들은 다음과 같습니다. "이는 그리스도 안에서 전부터 바라던 우리로 그의 영광의 찬송이 되게 하려 하심이라 그 안에서 너희도 진리의 말씀 곧 너희의 구원의 복음을 듣고 그 안에서 또한 믿어 약속의 성령으로 인치심을 받았으니" 당신에게 있는 하나님의 '인치심' 은 무엇입니까? 아래에 적어 보십시오.

___

___

성령은 당신이 하나님의 소유라는 하나님의 인장입니다.

어제 완성한 것과 비슷한 표를 오늘 또 만들어 보겠습니다. 에베소서 2장 8~10절을 읽고 다음 면에 있는 표의 빈칸을 채워 보십시오.

당신은 표를 채우면서, 어떻게 에베소서 2장 8~10절이 구원의 세 가지 단계 중에서 두 가지와 관계가 있는지를 보았습니까? '당신은 어떻게 구원받았습니까?' 의 난은 과거 구원, 즉 믿음을 통한 은혜로 당신이 하나님의 선물을 받고 하나님의 새로운 창조물이 된 순간을 가리킵니다. '왜' 의 난은 현재 구원, 즉 우리의 모든

당신은 어떻게 구원을 받았습니까?	"너희가 그 ____ 를 인하여 _____ 으로 말미암아 구원을 얻았나니" "우리는 그의 _________ 바라" "하나님의 _________ 이라"
당신은 왜 구원을 받았습니까?	"그리스도 예수 안에서 _________ 일을 위하여 지으심을 받은 자니"
당신을 구원할 수 없는 것은 무엇입니까?	"이것이 너희에게서 ________ 것이 아니요 하나님의 _____ 이라" "_________ 에서 난 것이 아니니"
왜 그것이 당신을 구원할 수 없습니까?	"이는 누구든지 __________ 못하게 함이니라"

것을 내재하시는 그리스도가 어떻게 당신이 창조된 목적에 합당한 좋은 일을 하도록 만드시는지를 나타냅니다.

이제는 경건의 시간을 끝내기 위해 말씀을 묵상하십시오. 이제는 묵상을 위한 네 가지 질문에 익숙해졌겠지요. 이 질문들을 기억하고 있는지 한 번 적어 보십시오.

1. ____________________

2. ____________________

3. ____________________

4. ____________________

답을 점검해 보려면 15~16쪽을 보십시오. 그러나 당신이 답을 맞추어 볼 필요가 있다면, 당신은 매일 경건의 시간에 성경을 정기적으로 묵상하지 않고 있는 것 같군요. 만약 그렇다면 앞으로의 경건의 시간에는 이 중요한 말씀 묵상을 빠뜨리지 않고 꼭 하도록 다시 한번 결심하시기 바랍니다. 성경말씀을 묵상하는 것은, 하나님께서 당신에게 하시는 말씀을 들을 수 있는 최우선의 방법입니다.

이제는 에베소서 2장 8~10절을 묵상하고 경건의 시간을 마치십시오. 오늘 하루도 당신의 삶에서 하나님의 뜻을 깨닫고 순종하며 살 수 있도록 기도하십시오.

89쪽의 질문에 대한 답 :

육체의 욕심(3절)	죽음(5절)	멀리 떠나 있음(17절)
소망이 없음(12절)	하나님이 없음(12절)	그리스도가 없음(12절)

매일 매일의 과정

로마서
5장 6~11절,
6장 17~18절,
히브리서
2장 14~15, 18절,
4장 14~16절을
읽으십시오.

한 간수장이 죄수에게, "아주 좋은 소식이 있습니다. 당신은 정부의 특별 사면을 받았습니다."라고 말했습니다. 죄수는 기뻐서 언제 감옥에서 나갈 수 있느냐고 물었고, 간수장은 "당신 같은 사람은 아무리 사면을 받았어도 지금은 풀어 줄 수 없습니다. 당신의 형기가 끝날 때까지 감옥에 있어야 합니다."라고 말했습니다. 아무리 사면을 받았어도 그 사면이 당신에게 자유를 주지 못한다면 무슨 소용이 있겠습니까?

당신이 그리스도께 죄사함을 구하고 또 당신을 구원해 주신 것을 믿는 순간, 그리스도는 당신을 사면해 주셨습니다. 즉, 당신을 죄의 선고(condemnation)와 대가(penalty)에서 해방시켜 주셨습니다. 이것이 바로 어제 공부한 과거 구원입니다. 그리스도께서 당신을 용서하고 구원하여 주신 바로 그 순간에, 그분은 당신의 삶을 지배하고 있던 죄의 세력(influence)과 지배(control)에서 당신을 자유롭게 하기 위해, 옛 속성에 의해 포로로 갇혀 있던 감옥 문을 활짝 열어 주셨습니다. 이것이 현재 구원입니다.

로마서 5장 6~11절을 읽고 이 구절이 어떻게 구원의 세 가지 단계, 특히 현재 구원과 연관이 있는지 살펴보겠습니다. 로마서 5장 6~8절을 보십시오. 이 구절은 구원의 어느 단계를 설명합니까?

과거(　　　　) 현재(　　　　) 미래(　　　　)

9절의 마지막 부분에서 바울은 어떤 단계로 바꾸고 있습니까?

과거(　　　　) 현재(　　　　) 미래(　　　　)

6~8절은 과거 구원을 말합니다. 9절 중간에서 바울은 미래 구원으로 바꿉니다. 또 10절은 명백하게 현재 구원을 말하며 끝을 맺습니다. 그리스도의 죽으심은 과거 구원의 기초입니다. 현재 구원의 기초는 무엇입니까?

____

____

____

로마서 5장 10절을 참고하여 다음 문장을 완성하십시오.

그리스도의 죽으심으로 나는 과거 구원을 받았다. 이제는 그리스도의 __________ 을 통해서 나는 매일 __________ 구원을 받는다.

당신이 그리스도께 죄사함을 구하고 또 당신을 구원해 주신 것을 믿는 순간, 그리스도는 당신을 사면해 주셨습니다. 즉, 당신을 죄의 선고(condemnation)와 대가(penalty)에서 해방시켜 주셨습니다.

그리스도의 생명을 통해서, 당신은 매일 현재 구원을 받습니다. 로마서 5장 10절은 당신이 지난 주 1과에서 새로운 속성에 대해 공부한 갈라디아서 2장 20절을 상기시켜 줄 것입니다. 그 배운 것을 복습하는 시간을 가지십시오. 이 두 구절에서 서로 비슷한 점은 무엇입니까?

____

____

____

____

로마서 5장 10절에 당신이 그리스도의 생명으로 인해 구원받았다고 썼습니까? 갈라디아서 2장 20절에는 그리스도가 당신 안에 거하시고 당신은 지금 믿음으로 그리스도 안에 거한다는 내용으로 썼어야 합니다.

이제는 당신이 이미 배운 세 가지 중요한 원리들을 복습하고, 그것들이 어떻게 현재 구원, 즉 당신의 지속적인 구원 과정과 관련되는지 살펴보겠습니다.

- 사탄은 당신이 영적으로 성장하고 주님을 섬기는 것을 방해하기 위해 온갖 수단을 다 동원할 것입니다.
- 당신이 그리스도인이 되었을 때, 당신의 옛 속성은 없어지지 않았습니다. 오히려 사탄은 당신의 새로운 속성에 대항해서 갈등을 일으키기 위해 옛 속성을 이용합니다. 이 갈등은 당신의 삶에 죄를 들여와 파괴시키려는 사탄의 책략입니다.
- 문제의 해결책은 당신이 내재하시는 그리스도께 복종하는 것입니다. 그분이 당신의 삶을 주관하실 때, 그분은 옛 속성을 이용하여 당신을 파괴하려는 사탄의 책략을 매일같이 이길 수 있게 해 주십니다. 매일 매일의 승리는 현재 구원입니다.

매일 매일의 과정

지난 주에 공부했던 로마서 6장 12~18절을 읽고 맞는 문장에 표시해 보십시오.

○ 그리스도인은 그분의 본을 따르고 그분의 가르침에 순종하는 삶을 살도록 해야 한다.

○ 그리스도는 당신의 삶을 지배하고 주관하던 죄의 세력을 깨뜨리셨다.

○ 당신의 생각과 행동을 누가 주관하게 할 것인지의 선택은 당신에게 달려 있다.

○ 그리스도가 당신의 삶을 주관하시도록 하는데 실패했다는 것은 당신이 그리스도인이 아니라는 것을 의미한다.

당신은 마지막 문장을 제외한 모든 곳에 표시했어야 합니다. 로마서 6장에서 강조하는 것은 우리가 그리스도의 종이 되었을 때 그분이 다스리신다는 것입니다. 우리의 새 주인 되시는 그리스도께서는 우리가 진실로 거룩하게 살기를 원하십니다. 매일 매일 그분께서 우리를 주관하시도록 하기만 하면, 그분이 우리를 옛 속성의 권세와 지배에서 자유롭게 해 주십니다.

히브리서 4장 14~16절에는 유대인들이 이해하기 쉬운 방법으로 예수님을 그리고 있습니다. 그들의 종교에서는 대제사장이 성소에 들어가서 그들의 죄 사함을 받기 위한 희생제물을 드렸습니다. 이 구절에 의하면 예수님께서는 어떤 대제사장이시며 어디로 가셨습니다까?

___

___

___

예수님께서는 하늘, 곧 하나님이 계신 바로 그곳으로 올라가신 위대한 대제사장이십니다(히브리서 4장 14절). 15절에 의하면 그 위대하신 대제사장은 우리가 당하는 모든 시험에 대해 어떻게 느끼시며, 또 왜 그렇게 느끼십니까?

___

___

___

THE CONTINUING PROCESS

예수님은 당신을 동정하십니다. 그분은 모든 점에서 우리와 마찬가지로 시험을 받으셨기 때문에 우리의 연약함을 똑같이 느끼십니다(15절). 그러나 예수님과 우리 인간들과의 중대한 차이점을 보십시오. 그분은 죄를 범하지 않으셨습니다(15절).

히브리서 4장 16절에 의하면, 예수님의 동정과 이해하심 때문에 당신은 무엇을 할 수 있습니까?

당신은 담대하게 은혜의 보좌로 나아가 시험을 이길 수 있는 힘을 달라고 구할 수 있습니다. 이제는 히브리서 2장 14~15절과 18절을 읽으십시오.

14절의 첫 부분에 의하면, 예수님께서는 당신을 온전히 이해하기 위하여 무엇을 하셨습니까?

예수님께서는 인간의 몸을 입으셨습니다. 즉, 당신과 같이 피와 살을 가지셨습니다. 그분은 당신이 인간으로 겪어야 하는 모든 시험을 다 친히 겪으시기 위하여 어디까지 가셨습니까? 14절에서 찾아보십시오.

당신이 겪어야 하는 모든 시험을 친히 겪으시기 위해서 육신을 입으셨을 뿐 아니라, 인간이 겪는 죽음까지도 겪으셨습니다! 그러므로 당신이 일생 동안 당하는 모든 일에, 그분이 친히 겪지 않으신 것은 아무것도 없습니다.

18절을 읽으십시오. 그리스도가 당신 안에 거하시기 때문에, 어떤 죽음의 권세나 공포도 당신을 흔들 수가 없습니다. "자기가 직접 올라가 본 산이 아니면 다른 사람들을 그 산으로 안내할 수가 없다."고 누군가가 말했습니다. 히브리서 2장 18절은 예수님께서 인간의 모든 분야에 걸친 온갖 경험을 다 하셨다는 것을 명확하고 간결하게 표현하고 있습니다. 이 구절에 의하면, 당신은 예수님께서 당신이 당하는 시험이나 고통을 온전히 이해하신다는 것을 어떻게 확실히 알 수 있습니까?

예수님은 몸소 시험을 받아서 고난당하셨으므로 당신이 시험을 당할 때 도우실 수 있습니다. 당신이 오늘 당하고 있는 문제나 시험을 한가지만 써보십시오.

방금 적은 것에 대해 고린도전서 10장 13절을 적어도 5분 이상 묵상하십시오. 예수님께서 당신이 당한 이 상황을 이해하고 도와주시리라고 믿습니까? 확신을 가지고 하나님께 도움을 청하는 기도를 하십시오.

THE CONTINUING PROCESS

매일 매일의 과정(계속)

에베소서 5장 18절, 요한복음 7장 37~39절, 빌립보서 2장 12~13절, 그리고 히브리서 13장 20~21절을 읽으십시오.

내재하시는 그리스도는 당신 삶의 모든 면에서 승리를 가져다주십니다. 그분은 당신이 겪을 수 있는 모든 시험을 다 당하셨지만 죄를 짓지 않으셨습니다. 그분은 당신이 감당할 수 없는 시험당함을 허락하지 않으십니다. 그리고 언제나 피할 길을 주십니다. 그분은 당신을 보호해 주실 뿐만 아니라 당신이 매일 매일의 삶에서 고통과 시험을 이기기 위해 필요한 모든 것을 제공해 주십니다!

에베소서 5장 18절은 참으로 놀라운 구절입니다! 이 구절의 '충만함을 받으라' 는 말은 실제로는 '술 취하다' 는 말과 동일합니다. 술에 취하면 행동에 확실한 변화가 옵니다. 이 구절에서 사도 바울은 "성령에 너무 취해서 행동에 확실한 변화가 있도록 하라."고 말하고 있는 것입니다. 단지 술에 취한 것으로도 당신을 이렇게 변화시키는데, 성령에 취해 있을 때는 당신이 생각하고 행동하는 모든 면에 더욱 현저한 변화가 있어야 한다는 말입니다.

에베소서 5장 18절에서 "충만함을 받으라"고 번역된 희랍 원어에는 두 가지 중요한 의미가 있습니다.

1. 이 동사는 명령형입니다. 즉, 복종하도록 명령하고 지시하는 단어입니다.
2. 이 동사는 또한 진행형입니다. 즉, 계속적으로 충만해 있다는 뜻입니다.

그러므로 이것은 당신에게 선택의 여지가 있는 것이 아닙니다. 당신은 계속적으로 성령에 충만해 있어서, 당신의 사고나 행동에 현격한 변화가 나타나도록 해야 한다는 명령을 받은 것입니다.

요한복음 7장 37~39절을 보면, 예수님께서 이와 아주 비슷한 말씀을 하신 것을 알 수 있습니다. 이 구절에 의하면

누가 이 '생수'를 줍니까?

____

예수님께서 말씀하시는 '생수' 는 무엇입니까?

____

____

성령의 '생수'를 마시면 어떤 결과가 나타납니까?

그의 배에서 생수가 강처럼 흘러나올 것입니다. 이 얼마나 아름다운 모습입니까? 하나님께서 주신 영적 은사들에 대해 배운 것을 기억합니까? 이 은사들은 그리스도의 사랑이 당신을 통해 다른 사람들에게 흘러가는 수로 혹은 강의 바닥과 같다고 한 것을 기억하십니까?

이제 잠시 멈추고, 요한복음 7장 37~39절이 하나님의 축복이 다른 사람들에게 흘러가는 수로가 되는 능력과 어떻게 연관되는지 생각해 보십시오.

예수님께서 요한복음 7장 38절에서 말씀하신 것은, 에베소서 5장 18절의 '충만함을 받다' 라는 동사에 대해 공부한 것 중 한 가지를 기억나게 할 것입니다. 서로 어떻게 관련되는지 알 수 있습니까?

'생수가 강처럼 흐른다' 는 것은 계속적으로 흐른다는 것을 의미하지요? 에베소서는 당신에게 계속적으로 성령 충만하라고 명령하고 있는 것입니다. 현재 구원은 그리스도에 의해 보장된 것입니다. 그분은 당신에게 성령을 한없이 주실 것을 약속하고 계십니다. 당신은 목마를 때마다 그분에게 와서 마시기만 하면 됩니다. 그 결과로 당신은 그분의 생명으로 항상 성령 충만하게 될 것입니다. 생수의 강이 당신의 삶에서 흘러나와 다른 사람들의 삶에 축복이 될 것입니다.

이제 빌립보서 2장 12~13절을 읽으십시오. "너희 구원을 이루라"라는 말은 지금까지 우리가 배운 '그리스도가 당신을 완전히 주관하여 당신이 할 수 없는 일들을 그분이 하시도록 맡기라' 는 말과 모순되는 것 같지 않습니까? 전혀 그렇지 않습니다!

이 구절에서 '이루다(work)' 라는 말이 다르게 쓰인 것을 주의해서 보십시오. 하나님은 당신이 그분을 기쁘시게 하는 일들을 다 할 수 있도록 당신 안에서 '활동하고(work)' 계십니다(13절). 그러나 당신은 하나님께서 당신 안에서 행하시는 것을 '이루어 나가야' 합니다. 당신은 내재하시는 그리스도께서 당신을 주관하시도록 선택해야만 합니다. 당신은 하나님의 사랑을 다른 사람들에게 전하는 그분의 수로가 되도록 결단해야 합니다.

빌립보서 2장 12절을 다시 한번 보십시오. 당신은 왜 현재 구원을 '두렵고 떨림'으로 이루어 나가야 합니까? 하나님이 화가 나셔서 벌을 받을까봐 그런 것은 물론 아니지요. 틀림없이 다른 의미가 있겠지요. 아래의 문장 중에서 이 이유를 합당하게 설명하고 있다고 생각되는 모든 곳에 표시해 보십시오.

○ 당신은 겸손한 마음 자세로 살아야 한다.

○ 당신은 언제나 자신의 약점을 인식하고 있어야 한다.

○ 당신은 언제나 그리스도를 믿고 잘 섬겨야 한다.

○ 하나님께 향한 믿음을 버리지 않기 위해 갖는 두려움은 우리가 가져야 하는 건전한 두려움이다.

○ 당신은 하나님께서 당신의 필요를 채워주시는 데 대해 언제나 경외감을 가져야 한다.

○ 당신은 그리스도가 당신의 삶을 온전히 주장하시지 못함으로 그분만이 주실 수 있는 것을 받지 못하는 일이 없도록 순전한 두려움을 가져야 한다.

당신은 위의 모든 문장에 표시했어야 합니다. 이제는 히브리서 13장 20~21절을 읽어 보십시오. 하나님께서는 당신이 무엇을 하도록 하기 위해서 온갖 좋은 것을 마련해 주십니까?

____

____

하나님께서는 누구를 통해서 하나님의 뜻을 행하게 해 주십니까?

____

____

현재 구원은 오늘 당신의 것이라는 것을 기억하십시오. 그리스도께서 당신 안에 살아 계시고, 또 당신이 지금 겪고 있는 모든 어려움을 친히 다 겪으셨기 때문에 당신도 승리할 수 있는 것입니다. 그리고 하나님께서는 지금 이 순간도 당신 안에 살아계신 예수 그리스도의 능력을 통해 일하고 계십니다.

당신이 성령님께 온전히 사로잡혀서 당신의 행동이나 말에 이러한 것이 분명히 나타났던 경험을 간단히 요약해서 아래에 적어 보십시오.

이제는 빌립보서 2장 12~13절을 묵상하십시오. 그리고 이 구절을 통해서 하나님께서 오늘 당신에게 말씀하시는 것을 기록하십시오.

이제 복습해 봅시다. 이번 주의 암송구절은 빌립보서 1장 6절입니다.

이 구절을 외워서 적어 보십시오.

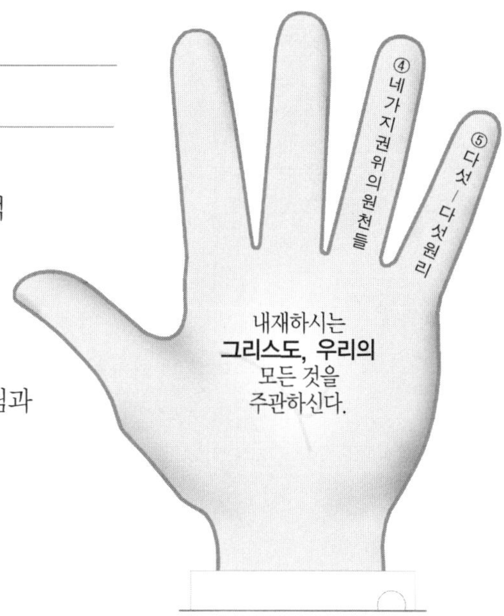

이번 주에 배우는 원리의 제목을 기억하십니까?

위의 손 그림의 가운데 손가락에 써 넣어 보십시오. 그리고 또 다른 손가락에도 쓸 수 있는지 보시고 8쪽의 그림과 답을 맞춰 보십시오.

마지막 사건

에베소서 1장 13~14절, 베드로전서 1장 3~9절, 그리고 데살로니가전서 4장 15~18절을 읽으십시오.

죄의 본성인 옛 속성을 없애 버릴 수 있을까요? 당신의 새로운 속성이 옛 속성과 매일 갈등하지 않는 날이 과연 올까요?

그렇습니다! 그리스도가 재림하실 때, 당신은 옛 속성의 존재와 세력에서 자유로워질 것입니다.

사도 바울의 서신 중 아주 놀라운 구절 중의 하나인 고린도전서 15장 50~57절을 읽어 보십시오. 그리고 다음의 표를 완성해 보십시오. 왼쪽에 각 문장에 대해 말하고 있는 성경구절을 찾아서 서로 연결해 보십시오.

구원의 세 가지 시제	
당신의 미래 구원은 어느 시점에서 이루어질 것이다.	51~52절
죽음은 죄와 관련이 있다.	55~56절
당신은 옛 속성을 가지고는 하나님 나라를 상속받을 수 없다.	50절
당신의 옛 속성이 온전히 없어질 때 당신은 영생을 보장받는다.	53~54절
이것은 우리의 공로가 아니요, 예수 그리스도께서 하신 일이다.	57절

이번 주에 당신은 그리스도를 당신의 삶으로 영접한 바로 그 순간에 성령을 받았다는 에베소서 1장 13절 말씀을 공부했습니다. 지금 13~14절까지 다시 읽어 보십시오. 14절에 첨가된 중요한 진리를 보셨습니까? 당신이 구원받은(과거 구원) 순간에 당신이 받았던 성령님은 또한 당신의 상속으로 하나님께서 예비해 두신 훨씬 더 많은 것들의 **담보**입니다. **담보**라는 것은 당신이 집을 살 때 보증금으로 걸어 놓는 것입니다. 이 돈이 집 값을 다 갚을 때까지 보증이 되며, 지불이 다 끝난 후에 그 집은 당신의 것이 되는 것입니다.

미래 구원에 대한 얼마나 놀라운 설명입니까! 당신의 상속의 담보는 이미 다 지불되었습니다. 당신에게는 성령님이 계십니다. 어느 날 그리스도께서 당신을 그분께로 데려가시고 구속하실 것입니다. 그렇게 될 때 당신은 완전한 구원을 받게 되는 것입니다.

이제 베드로전서 1장 3~5절을 주의 깊게 읽어 보십시오. 이 구절들은 과거 구원에 대해 말합니까, 아니면 미래 구원에 대해 말합니까?

과거 구원 (　　　)　　과거 구원과 미래 구원 둘 다 (　　　)
미래 구원 (　　　)　　과거 구원도 미래 구원도 아님 (　　　)

물론 정답은 이미 그리스도께서 당신에게 이루어 주신 과거 구원과 앞으로 이루어 주실 미래 구원 두 가지입니다.

이제 베드로전서 1장 6~9절을 보십시오. 이 구절에서는 어느 구원에 대해 이야기합니까?

과거 구원 (　　　)　　미래 구원 (　　　)
현재 구원 (　　　)　　위의 것 모두 다 (　　　)

정답은 '모두 다' 라는 데 동의하십니까? 베드로전서 1장 6~9절은 당신이 눈으로 본 적이 없는 예수 그리스도에 대한 당신의 믿음을 이야기합니다. 이것은 과거 구원과 관련이 있습니다. 이 구절은 또한 믿음을 순수하게 보존하는 데 도움을 주는, 당신이 지금 겪고 있는 시험에 대해 말하고 있습니다. 이것은 현재 구원과 관계됩니다. 그리고 이 구절은 또한 당신의 믿음의 연단이 칭찬과 명예를 가져다주는 것에 관해 말합니다. 이것은 미래 구원에 관한 것입니다.

베드로전서 1장 7절과 13절에 의하면 당신은 미래 구원을 언제 받을 것이라고 했습니까?

예수 그리스도께서 나타나실 때, 당신은 약속된 상속을 받을 것이라고 했습니다.

고린도후서 5장 1~9절에서, 사도 바울은 우리의 몸을 '집' 혹은 '장막' 에 비유해서 말하고 있습니다. 2절과 4절에서는 우리가 이 장막 집에서 '탄식' 하고 있다고 했습니다. 당신은 탄식하는 이유가 무엇이라고 생각하십니까?

○ 그리스도인들이 이 세상에서 힘든 삶을 살고 있기 때문에
○ 그리스도인들은 죽기를 두려워하기 때문에
○ 그리스도인들이 옛 속성에서 자유로워지기를 원하기 때문에

2절과 4절에서 명확한 답을 말하고 있지요? 바울은 옛 속성을 지닌 우리의 육신과 또 옛 속성으로 인해 생기는 모든 시험과 고통에서 자유롭기를 열망하는 우리 모든 그리스도인들에 대해 말하고 있습니다. 그가 열망하는 것은 하나님께서 그를 위해 예비하신 새로운 몸, 즉 옛 속성의 모든 불완전에서 자유로워진 완전한 바로 그 몸을 말합니다.

고린도후서 5장 5절은 당신이 오늘 배웠던 에베소서 1장 13~14절을 기억나게 할 것입니다. 이 두 구절들 사이에 어떤 유사점을 발견할 수 있습니까?

당신은 하나님께서 당신을 위해 예비하신 장래 상속의 담보 혹은 보증으로 성령을 모시고 있다는 것을 다시 보게 됩니다.

당신이 이번 주 과제를 끝내면 이 교재의 반 이상을 마치게 됩니다. 조금 늦기는 했지만 이제 중간 점검을 해 봅시다.

당신은 경건의 시간을 어떻게 가지고 있습니까? 당신은 지금 이 교재를 4주째 공부하고 있습니다. 그렇다면 주말까지 쳐서 28일입니다. 당신이 이 기간동안 뜻깊은 성경공부나 묵상이나 기도시간을 가진 날이 얼마나 되는지 표시해 보십시오.

1	2	3	4	5	6	7
8	9	10	11	12	13	14
15	16	17	18	19	20	21
22	23	24	25	26	27	28

지금까지 당신은 암송구절을 네 개 외우셨어야 합니다. 그 구절들을 밑에 써보십시오.

제 1 단원 시편 119편 11절

제 2 단원 로마서 12장 4~5절

____

____

제 3 단원 갈라디아서 5장 16절과 22~23절

____

____

제 4 단원 빌립보서 1장 6절

____

____

당신은 또 두 번째 주부터 네 번째 주까지 주제였던 세 가지 기본 원리를 기억할 수 있어야 합니다. 이것들을 기억하는 것은 어렵지 않을 것입니다. 손 그림에서 썼듯이 아래의 빈칸에 써넣어 보십시오.

1. ____

2. ____

3. ____

베드로전서 1장 3~9절을 묵상하고 오늘의 경건의 시간을 마치십시오. 오늘 당신의 삶에서 현재 구원에 대해 하나님께서 당신에게 무엇을 말씀하기 원하시는지 찾도록 주의하십시오. 그리고 하나님께 순종하도록 당신을 맡기는 기도를 하십시오.

____

____

제4단원

구원의 세 가지 단계

단원 학습

아래의 보기에서 골라서 다음의 빈칸들을 채워보십시오. 이번 주에 배운 중요한 요점들을 기억하는데 도움이 될 것입니다.

1. 과거에 당신은 죄의 ______________ 로부터 구원을 얻었습니다.
2. 현재 당신은 죄의 ______________ 으로부터 구원을 얻었습니다.
3. 예수님은 ______________ 이십니다.
4. 과거구원과 미래구원은 ______________ 입니다.
5. 이번 주 주제는 ______________ 입니다.
6. 우리는 ______________ 으로 취해야 합니다.
7. 예수님의 ______________ 으로 당신은 과거에 구원을 받았습니다.
8. 미래에 당신은 죄의 ______________ 로부터 구원을 얻을 것입니다.
9. 예수님은 우리와 마찬가지로 시험을 받으셨지만 ______________ 않으셨습니다.
10. 당신은 자신의 구원을 ______________ 합니다.
11. 성령은 당신의 ______________ 의 담보입니다.
12. 그리스도의 ______________ 으로 당신은 현재 구원을 받았습니다.
13. 성령은 당신이 하나님의 소유라는 ______________ 입니다.
14. 현재 구원은 ______________ 입니다.
15. 당신이 그리스도를 통해 하나님의 용서함을 받기 위해 할 수 있는 것은 ______________

정답은 158쪽에 있습니다.

제5단원

네 가지 권위의 원천들

단원 개요

당신의 영적 생활에 대해서 선택을 한다는 것이 쉽지가 않지요?

당신이 옳고 그른 것, 또 좋고 나쁜 것을 구별할 수 있는 어떤 근본적이고도 궁극적인 권위가 있습니까? 당신의 매일의 삶에서 지침으로 쓸 수 있는 믿을 만한 권위가 있습니까?

그렇습니다! 그 권위는 경험도, 전통도, 감정 혹은 지성도 아닌 하나님의 말씀, 바로 성경입니다. 이번 주에 당신은 매일의 삶에서 의지할 수 있는 궁극적인 권위에 대해서, 또 하나님께서는 당신이 경험과 전통, 감정, 그리고 지성을 하나님의 말씀과 어떻게 연관시키시며 살기를 원하시는가에 대해 공부할 것입니다.

이번 주 주제는 네 가지 권위의 원천입니다.

아래의 손 그림에서 손바닥, 엄지손가락, 그리고 둘째와 셋째 손가락에 배운 것을 써넣으시고, 넷째 손가락에는 네 가지 권위의 원천이라고 쓰십시오.

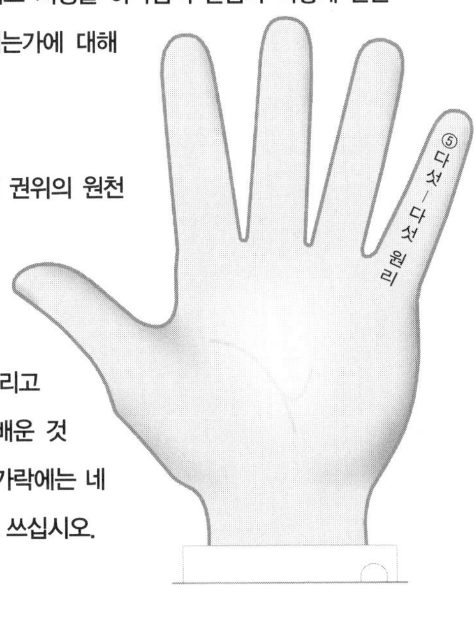

제1과

세 가지 부적당한 권위의 원천들

골로새서 2장 1-4, 6-8, 20-23절을 읽으십시오.

당신은 사람들이 "이곳에서 권위가 있는 사람(책임자)에게 이야기하고 싶다"고 말하는 것을 들어 보았습니까? 사람들이 "거기에 대해서는 내 관리인에게 물어봐야 합니다."라든가, "미안하지만 저는 그런 결정을 내릴 권위가 없습니다"라고 말하는 것을 얼마나 많이 들었습니까? 모든 사람들은 그들에게 최종적인 권위가 되는 존재—사람이든 또는 어떤 것이든—의 필요성을 종종 느낍니다.

모든 종교와 종교제도는 **네 가지 권위의 원천들** 중 한 가지 혹은 두세 가지 원천들 위에 기초를 두고 있습니다.

이번 주에는 당신이 다른 사람들에게 믿음에 관해 나누려고 할 때 그들이 찾을지도 모르는 위험하고도 **부적당한 세 가지 권위의 원천들**에 대해서 배울 것입니다. 이런 세 가지의 부적당한 권위의 원천들이 어떻게 참된 권위의 원천과 연관이 되는지를 당신이 잘 이해하지 못하면, 이런 것들이 당신을 혼동시키고 영적 성장을 방해할 수도 있습니다. 그러므로 당신은 이 **유일하고 참된 권위의 원천**에 대한 것과 이것이 다른 부적당한 원천들과 어떻게 연관이 되는가에 대해서도 배울 것입니다.

네 가지 권위의 원천들을 요약한 아래의 도표를 보십시오. 그리고 각 빈칸에 가장 잘 맞는다고 생각되는 제목을 도표의 윗줄에 있는 네 가지 중에서 골라서 써넣으십시오.

경험	지성	성경	전통
인간의 내적인 원천		인간의 외적인 원천	
(1) ________ 옳고 그른 것, 혹은 선하고 악한 것을 인간 자신의 이성적 능력으로 결정한다.		(3) ________ 자기의 조상에게 중요했던 것들로 믿음을 형성한다.	
(2) ________ 인간의 감각과 감정, 그리고 느낌으로 진리가 무엇인지를 결정한다.		(4) ________ 하나님께서 궁극적이고 온전한 지식, 즉 진리를 기록된 문자로 계시하셨다.	

답은 다음과 같은 순서로 써넣었어야 합니다.

(1) 지성　　(2) 경험　　(3) 전통　　(4) 성경

사도 바울은 부적당한 권위의 원천들에 대해서 잘 알고 있었습니다. 선교여행을 하는 동안 그는 많은 사람들이 참 권위의 원천에 의지하지 않고 부적당한 권위의 원천들에 의지하는 것을 발견했습니다. 그의 글들 중 많은 부분은 부적당한 권위의 원천들을 선전하는 지도자들에 반대하고, 그리스도인들이 유일하고 참된 권위의 원천들을 붙들도록 하기 위해 쓰여졌습니다.

골로새서 2장 1~4절을 읽어 보십시오. 2절에서 바울은 골로새 그리스도인들이 부요에 이르기를 바란다고 했습니다. 그는 어떤 종류의 부요함에 대해 말하고 있습니까?

____

바울은 골로새 그리스도인들이 **완전한 이해력**을 갖기를 원했습니다.

3절에서 바울은 **그리스도 안에** 두 가지의 보화가 감추어져 있다고 했습니다. 그 보화들은 무엇입니까?

____________ 와 ____________

왜 바울은 같은 믿음의 형제, 자매들이 그리스도 안에 감추어진 모든 **지혜와 지식**의 보화를 갖기를 원했습니까? 4절에서 답을 찾아 보십시오.

____

우리도 그릇된 생각들로 미혹되거나 잘못 인도될 위험이 있기 때문에 사도 바울이 8절에서 골로새 교인들에게 한 말에 주의를 기울여야 합니다. 골로새서 2장 8절을 다시 한번 보십시다. "누가 철학과 헛된 속임수로 너희를 노략할까 주의하라 이것이 사람의 유전과 세상의 초등 학문을 좇음이요 그리스도를 좇음이 아니니라."

세 가지 부적당한 권위의 원천들

이 구절에서 바울은 한 가지 부적당한 원천을 명확하게 지적하고 또 다른 부적당한 원천에 관해서는 암시를 하고 있습니다. 그는 어떤 것에 대해 명확하게 지적하고 있습니까?

○ 경험　　　○ 지성　　　○ 전통

어떤 것에 관해서 암시하고 있습니까?

○ 경험　　　○ 지성　　　○ 전통

바울이 명확하게 지적하는 원천으로 전통에 표시했습니까? 그가 암시하는 원천으로는 지성에 표시했어야 합니다. 철학에 의지하는 것은 마음과 이성, 즉 지성에 호소하는 것입니다. 바울은 거짓 철학자들이 헛된 속임수로 사람들을 이끌고 간다고 했습니다. 그 속임수는 그것을 듣는 사람들의 생각과 사고를 그릇 인도하는 것입니다.

바울이 이런 부적당한 권위의 원천들로 **'노략한다'** 고 말한 것은 무엇을 의미합니까?(4절을 다시 한번 읽어 보십시오.)

당신은 그릇된 생각에 사로잡혀서 당신이 말을 할 때 이해조차 하지 못하는 사람을 만나 본 적이 있습니까? 이번 주 첫 암송구절은 고린도전서 2장 14절입니다. 이번 주 후반에 당신은 이 구절에 대해 더 자세히 공부하게 될 것입니다. 지금 이 구절을 외우십시오.

이제는 골로새서 2장 20~23절을 읽으십시오. 사도 바울은 '사람의 명과 가르침을 따르는' 삶에 대해 얼마나 단호하게 말하고 있습니까? 20절의 앞부분을 보십시오.

하나님께서는 당신에게 마음, 즉 지성을 주셨으며 당신이 그것을 사용하기를 원하십니다. 그러나 지성이나 경험이나 전통 그 어느 것도 당신의 믿음의 궁극적 권위가 되어서는 안됩니다!

지성, 전통, 경험 등은 다 인간의 기준으로 만든 것입니다. 바울은 당신이 그리스도와 함께 죽었기 때문에 인간의 기준대로 살아서는 안 된다고 주장합니다. 골로새서 2장 23절은, 이러한 인간의 기준은 지혜롭고 합당해 보이지만, 그것이 유일하고 참된 권위의 원천이신 예수 그리스도의 주관 하에 있지 않을 때는 언제까지나 부적당하고 부족한 것일 수밖에 없다고 말합니다.

하나님께서는 당신에게 마음, 즉 지성을 주셨으며 당신이 그것을 사용하기를 원하십니다. 또 하나님께서는 경험도 주셔서 당신이 그것을 참고하기를 원하십니다. 어떤 일들은 많은 세월이 지나도 변하지 않는 것들이 있습니다. 어떤 전통, 특히 성경에 바탕을 둔 전통들은 보존할 가치가 있습니다. 그러나 지성이나 경험이나 전통 그 어느 것도 당신의 믿음의 궁극적 권위가 되어서는 안 됩니다!

세 가지 부적당한 권위의 원천들을 더 자세히 살펴본 후에, 우리는 어떻게 하나님의 말씀, 즉 예수님은 어떤 분이셨고 무엇을 가르치셨으며, 그분이 하신 일이 무엇인가를 기록해 놓은 성경이 궁극적이고 확실하고 충분한 권위의 원천인가를 보겠습니다. 경험과 지성과 전통은 우리가 진리를 발견하고 이해하는 데 도움을 줍니다. 그러나 그것은 성경이 가르치는 관점에서 이해되고 해석될 때만 도움이 되는 것입니다.

골로새서 2장 6~8절을 묵상하고 오늘의 경건의 시간을 마치십시오. 이 구절은 당신의 믿음이나 감정 혹은 행동에 어떤 영향을 줍니까?

지성과 전통

마가복음 12장 18~25절, 고린도전서 1장 18~25절, 2장 7~14절, 마태복음 15장 1~9절, 그리고 베드로전서 1장 18~19절을 읽으십시오.

우리가 지성이나 논리를 우리의 최종적 권위로 사용하고자 고집하는 것은 우리의 삶에서 **우리 자신**을 '하나님'으로 삼고 있다는 사실을 잘 드러내는 것입니다. 반면에 우리가 전통이나 의식에 의존하는 것은 우리 자신의 선택에 대한 책임을 회피하는 것입니다. 이제 이 두 가지가 왜 그것만으로는 부적당한 권위의 원천인지 살펴보겠습니다.

우리 인간들은 우리 자신의 지성만으로 진리와 선과 악, 그리고 옳고 그른 것에 대한 최종적 판단을 내릴 수 있다고 믿는 경향이 있습니다. 그럼에도 불구하고 우리는 계속적으로 **그릇된 판단**을 내렸으며, 지성만으로는 그러한 결정을 내리기에 충분치 않다는 사실을 인류의 모든 역사가 증명하고 있습니다.

그러나 사람들은 그들의 지성만을 통해서는 하나님을 이해할 수가 없기 때문에 성경말씀과 그리스도를 믿기를 거부하고 있는 것입니다. 그들은 "나는 선하신 하나님이 그런 것을 하시리라고는 **이해할 수가 없어**"라든가 "하나님이 그렇게 하시리라고 믿는 것은 **합리적**이 아니냐"라고 말합니다.

예수님께서 지상에서 사역하실 동안에도 이런 종류의 사고(思考)와 많이 부딪쳐야 하셨습니다. 마가복음 12장 18~25절을 보십시오. 사두개파 사람들은 예수님 당시 유대인의 중요한 종파들 중 하나였습니다. 18절에 의하면 사두개파 사람들이 믿기를 거부했던 것은 무엇입니까?

죽음 후의 부활에 관해 자기들의 지성으로 믿지 못하는 것을 뒷받침하기 위해서 사두개파 사람들은 예수님께 긴 이야기를 늘어놓습니다. 당신은 그들의 이야기의 기초가 무엇이라고 생각하는지 표시해 보십시오.

○ 성경의 가르침　　○ 그들 자신들의 논리(추론)

마가복음 12장 24절에서 예수님은 사두개파 사람들의 논리를 어떻게 해석하셨습니까?

예수님께서 가라사대 너희가 ______ 도 ______ 도 알지 못하므로 ______ 함이 아니냐 사두개파 사람들은 **성경**도 모르고 **하나님의 능력**도 모르기 때문에 **오해**했습니다. 당신은 사두개파 사람들이 예수님을 찾아 왔을 때, 그들이 진정으로 찾고 있었다고 생각합니까?

○ 예 ○ 아니오

사두개파 사람들이 자기들의 종교체제에 근거했던 **권위의 원천**은 무엇이었습니까?

사도 바울도 예수님처럼 자기들의 믿음의 권위의 원천을 지성에 두고 있는 사람들과 대면해야 했습니다. 고린도전서 1장 18~25절을 읽으십시오. 20절에 나오는 한 단어가 예수님께 나아온 사두개파 사람들을 잘 표현하고 있습니다. 무슨 단어인지 찾아서 써보십시오.

어떤 사람들과 그들의 믿음에 대해 **다투고 변론하는** 것은 거의 아무 도움도 되지 않습니다. 사도 바울은 20절과 21절에서 하나님께서 이 세상의 지혜를 미련하게 하셨다고 말했습니다. 그리고 구원에 이르는 지혜는 세상 사람들이 보기에는 미련한 것이라고 했습니다.

바울은 세상의 지혜를 주장하는 그 당시의 두 큰 부류의 사람들에 대해 다음과 같이 말했습니다. "유대인은 표적을 구하고 헬라인은 지혜를 찾으나 우리는 십자가에 못박힌 그리스도를 전하니 유대인에게는 거리끼는 것이요 이방인에게는 미련한 것이로되 오직 부르심을 입은 자들에게는 유대인이나 헬라인이나 그리스도는 하나님의 능력이요 하나님의 지혜니라 하나님의 미련한 것이 사람보다 지혜 있고 하나님의 약한 것이 사람보다 강하니라"(고린도전서 1장 22~25절)

그러나 이것은 기독교 신앙이 지성을 완전히 무시한다는 의미가 절대로 아닙니다. 사도 바울은 그 세대의 가장 명석하고 높은 교육을 받은 사람 가운데 하나였습니다. 고린도전서 2장 7~8절을 읽고 바울이 어떤 종류의 지혜를 가르쳤는가를 보십시오. 그는 이 세상 통치자들이 이 지혜를 알았더라면, 끔찍한 죄를 범하지 않았을 것이라고 말합니까?

바울은 사람들이 지혜가 많다고 말한 것이 아니라, **올바른 지혜**가 적다고 한 것입니다. 만약 그들에게 참 지혜가 있었다면 그리스도를 십자가에 못박지 않았을 것입니다. 이제 고린도전서 2장 9~11절을 읽고, 왜 세상 사람들은 예수님이 어떤 분이시고 또 그분이 왜 오셨는가를 이해하지 못했는가를 살펴보십시오. 11절에 의하면 하나님의 생각을 깨닫는 유일한 분은 누구라고 했습니까?

만약 **하나님의 영만이** 하나님의 생각을 깨달을 수 있다면, 다른 사람이 그것을 깨달을 수 있는 유일한 방법은 무엇일까요? 12~13절에서 답을 찾아서 당신 자신의 말로 요약해서 적어 보십시오.

답을 이렇게 적었습니까? **그리스도인들은 하나님의 진리를 우리에게** 가르쳐 주시는 **하나님의 영**을 받았습니다. 고린도전서 2장 14절에 의하면 왜 사람이 자신의 지성을 통해서 하나님을 찾는 것이 불가능하다고 말했습니까?

자연 혹은 육에 속한 사람들, 즉 자신의 삶을 그리스도께 맡기지 않는 모든 사람들은 하나님의 영을 받지 않았습니다. 같은 구절에 의하면, 당신은 지성을 **궁극적**

인 권위로 생각하는 사람들을 이론적으로 설득하는 것만으로는 전도할 수가 없습니다. 당신은 성령님께서 그 사람에게 올바른 의식과 죄의 자각을 주심으로 믿으려는 마음을 준비시켜 주시도록 하나님께 구해야 합니다.

고린도전서 2장 14절을 읽을 때 친숙하게 느껴졌겠지요. 외워서 한번 써보시고 암송카드를 꺼내서 대조해 보십시오.

이제는 왜 전통만으로는 올바른 권위의 원천이 되지 못하는지 살펴보겠습니다. 전통이란 주로 과거에 어떤 사람이 어떤 특별한 교훈이나 습관이나 의식이 계속 되어져야 한다고 결정해서 시작된 것입니다. 그 사람에게는 그 교훈이나 습관이나 의식이 너무나 중요했기 때문에 잊혀지지 않고 꼭 보존되어야 했던 것입니다.

그러나 흔히 그런 것들의 깊고 **진정한 의미**는 잊혀지게 마련입니다. 단지 그 **형식**만이 남아서, 진정한 마음으로 참여함이 없이 단지 하나의 의식으로 지켜지는 것입니다. 전통이란 잘못 표현될 경우에는 원래의 교훈이나 관습이나 의식의 참 의미를 찾고자 하는 사람들을 가두어 놓는 감옥이 될 수도 있습니다.

마태복음 15장 1~9절을 읽으십시오. 종교지도자들은 예수님의 제자들이 먹기 전에 어떤 특정한 방법으로 손을 씻지 않았기 때문에 비난했습니다. 그러나 예수님은 이들 종교 지도자들이 더 중요한 것을 무시한다고 하셨습니다. 예수님은 이들이 십계명 중 어떤 것을 지키지 않았다고 하셨습니까?

바리새파 사람들과 율법학자들은 부모를 공경하라는 계명을 어기고 있었습니다. 성경과 전통간에서 당신은 분명한 선택을 해야만 합니다. 마태복음 15장 8~9절에서 예수님이 인용하신 이사야의 예언을 당신 자신의 말로 요약해 보십시오.

어떤 사람들은 **진정한 마음에서 우러나온 것이 아닌, 말로만** 하나님께 드립니

다. 베드로전서 1장 18~19절을 읽으십시오. 이 구절에 의하면 **전통**이 사람들을 구원할 수 있습니까? 오늘 읽은 마태복음에 의하면 왜 구원할 수 없습니까?

당신은 전통이 진심에서가 아닌 **외적인 형식**만으로 변하여 인간의 전통이 때로는 **하나님의 말씀**과 상반된다고 썼습니까? 당신은 자기들의 지성으로 그릇 인도되었거나 전통에 얽매인 사람들을 알고 있습니까? 잘 생각해 본 후에 이름을 적고 경건의 시간에 그들의 이름을 부르며 기도하십시오.

경험

신명기 13장 1~4절, 골로새서 2장 18~19절과 베드로후서 1장 16~21절을 읽으십시오.

태초부터 인간들은 자기들의 신앙의 기초를 개인적인 경험에다 두고 똑같은 경험을 하지 못한 다른 사람들은 영적으로 열등하다고 생각해 왔습니다. 믿음의 근거를 경험에만 두는 것은 위험한 일입니다. 하나님께서는 자신을 나타내시는 데 좋은 방법을 사용하십니다. 그분은 우리를 위해서 진리를 기록해 놓으셨습니다. 이 기록에 비추어 인생의 모든 경험들을 판단해야 합니다.

신명기 13장 1~4절을 읽어 보십시오. 이 구절에 의해 예언자나 꿈으로 점치는 사람의 경험을 시험해 보는 더 확실한 방법이 무엇인지 표시해 보십시오.

○ 예언자나 꿈으로 점치는 사람들의 말이 실제로 일어나는가를 본다.
○ 그들이 유일하신 참 하나님으로부터 떠나도록 당신을 유혹하는가를 본다.

어떤 사람이 기사와 이적을 보여 주고 그의 예언이 맞는다 할지라도 **당신의 하나님을 향한 온전한 헌신을 방해하려 한다면**, 당신은 그 말을 들어서는 안 됩니다. 신명기 13장 3절은 경험을 종교의 권위로 삼는 사람들이 왜 때로는 설득력이 있어 보인다고 말합니까?

____

하나님께서는 어떤 사람이 대단한 권위를 가진 것처럼 설득력 있게 말하도록 허락하실 수가 있습니다. 그 사람은 자기가 하나님과 특별한 관계를 가졌다고 주장하고 또 기적도 행할지 모릅니다. 하나님께서 이것을 허락하시는 것은 당신의 하나님께 향한 사랑과 신실성을 증명할 수 있는 기회를 주시는 것입니다. 또한 하나님께서는 당신의 '영적인 근육을 튼튼하게' 하고 더욱 영적으로 성장할 기회를 주시기 위해 이런 것들을 허락하십니다.

경험을 믿음의 권위의 원천으로 삼는 것은 언제나 문제를 일으킵니다. 골로새서 2장 18~19절을 읽어 보십시오. 사도 바울은 어떤 특별한 문제에 관해서 이야기하고 있습니까?

____

____

골로새교회의 어떤 사람들은 환상을 본 체험을 했습니다. 그 결과 그들은 **천사 숭배**와 다른 그릇된 종교 행습에 나머지 모든 성도들도 참여할 것을 종용했습니다. 19절에 의하면 사람들이 경험을 자기들의 권위로 삼을 때 어떤 실수를 저지르게 됩니까?

19절에 의하면 그리스도의 몸이 성장하는 원천이 어디에 있습니까?

사도 바울은 경험을 자기들의 권위로 삼고 있는 사람들은 그의 몸, 즉 교회의 머리이신 그리스도를 굳게 붙잡고 있지 않는 것이라고 말했습니다.

사도 바울은 경험을 자기들의 권위로 삼고 있는 사람들은 그의 몸, 즉 교회의 머리이신 그리스도를 **굳게 붙잡고 있지 않는 것**이라고 말했습니다. 그들은 자기들의 믿음을 어떤 '특별하거나 희귀한' 경험에 바탕을 두고 같은 체험을 하지 못한 사람들보다 자신들이 영적으로 더 우월하다고 생각합니다.

물론 당신이 하나님과 점점 더 깊은 교제를 나눌 때, 하나님께서는 당신의 삶에서 뜻깊은 체험들을 갖게 해 주십니다. 그런 체험들은 당신에게나 또 다른 그리스도인들에게 복이 됩니다. 그러나 다른 사람들도 같은 종류의 체험을 해야 한다고 주장하거나 그런 체험을 갖도록 노력해야 한다고 주장하는 사람들을 조심해야 합니다. 그리스도인들이 **하나님과의 교제를 갖는 것**보다 **경험**을 더 추구할 때, 그들은 거짓된 권위의 원천에 사로잡힐 염려가 있습니다.

지성이나 전통과 마찬가지로 경험도 성경에 비춰봐야 합니다. 베드로후서 1장 16~18절을 읽으십시오. 이 구절에서 베드로는 예수님의 변형(變形)에 대해 이야기하고 있습니다. 그는 이 놀라운 일을 눈으로 직접 보고, 자신의 경험에 대해서 다음과 같이 말했습니다.

"우리는 그의 크신 위엄을 친히 본 자라"

"지극히 큰 영광 중에서 이러한 소리가 그에게 나기를 이는 내 사랑하는 아들이요 내 기뻐하는 자라 하실 때에…"

"저가 하나님 아버지께 존귀와 영광을 받으셨느니라"

"이 소리는 우리가 저와 함께 거룩한 산에 있을 때에 하늘로서 나옴을 들은 것이라"

이제 마태복음 17장 1~5절에 이것을 기록해 놓은 것을 읽어 보십시오. 그리고 베드로가 실제 일어났던 일들을 기록했는지 위의 조항을 하나 하나 대조해 보십시오.

베드로는 자신이 보고 들은 것보다 더 믿을만한 것은 성령님의 계시를 받은 사람들이 기록해 놓은 하나님의 말씀이라고 말합니다.

베드로는 그가 무엇을 말하고 있는지 확실히 알고 있었다는 것이 명백하지 않았습니까? 그러나 그 다음 그가 베드로후서 1장 19~21절에서는 어떻게 말하는지 주의 깊게 읽어 보십시오. 그가 **'좀 더 확실한'** 것에 대해 이야기하는 것을 알 수 있습니까? 그 자신의 눈으로 직접 본 것보다 **더 확실한 것**이 무엇일까요? 당신은 "어떤 것도 눈으로 보는 것보다 더 확실한 것은 없다" 라고 말할지도 모르겠습니다. 그러나 베드로는 "또 우리에게 더 확실한 예언이 있다"(베드로후서 2장 19절) 라고 말했습니다. 그는 자신이 보고 들은 것보다 더 믿을만한 것은 성령님의 계시를 받은 사람들이 기록해 놓은 하나님의 말씀이라고 말합니다.

이번 주부터 당신은 암송구절을 두 개씩 외우게 될 것입니다. 첫 번 암송구절은 세 가지 부적당한 권위의 원천에 의지하는 사람들에 관한 것입니다. 이제는 고린도전서 2장 14절을 당신은 외울 수 있을 것입니다. 아래에 써보시고 암송카드와 대조해 보십시오.

____

____

내일 당신은 유일하고 참되며 궁극적인 권위의 원천에 대해 배우게 될 것입니다. 두 번째 암송구절은 그것에 관해 말하고 있습니다. 디모데후서 3장 16절을 지금 외우십시오.

____

____

이제는 세 가지 부적당한 권위의 원천들, 즉 지성과 전통과 경험에 관해 지금까지 공부한 것을 요약해 봅시다. 이들 중 어느 한 가지나 두세 가지를 합하더라도 이 세 가지 권위의 원천들은 하나님의 진리가 담겨 있지 않는 한, 사람이 할 수 있는 최선 이상은 될 수가 없습니다. 이 모든 것들은 인간 체제에 기초를 둔 것이므로 막다른 길일 수밖에 없는 것입니다.

"모든 종교는 같은 하나님에게 인도한다"는 말은 절대로 진리가 아닙니다. 그런 말을 하는 사람은 모든 종교를 연구해 보지 않은 사람입니다. 사실 어떤 종교는 하나님의 존재조차 인정하지 않습니다.

당신이 아직까지 진지하고 열심인 사람들이 다른 종교의 주장과 가르침을 전하는 것을 들어보지 못했다면 앞으로 듣게 될 것입니다. 그들은 당신을 자기들의 종교로 개종시키려고 열심히 노력할지도 모릅니다. 그들의 주장에 주의를 기울여 보십시오. 그것들은 **지성**에 기초하고 있습니까? 인간의 마음은 영적 진리의 궁극적인 판단 기준이 될 수 없습니다. 그것들이 **경험**에 기초합니까? 인간의 행실은 영적 권위의 궁극적인 원천이 될 수 없습니다. 그것들이 **전통**에 기초하고 있습니까? 인간의 과거의 지성이나 경험은 현재 우리들의 지성이나 경험보다 더 믿을 만하지 못합니다.

디모데전서 1장 3~7절을 읽으십시오. 4절에 의하면 인간의 교훈은 어디로 인도합니까?

____

____

쓸데없는 변론은 그리스도인으로서 당신의 믿음을 굳건히 하는 데 아무런 도움도 되지 않습니다. 반면에 하나님께서 인도하시는 참된 교훈은 어디로 인도합니까?

____

____

하나님으로부터의 참 교훈은 **청결한 마음과 선한 양심과 거짓 없는 믿음**으로 인도합니다. 디모데후서 2장 18절에서 바울은 거짓된 가르침이 어떤 이들의 믿음을 파괴했는지에 대해 말했습니다. 19절에 의하면 무엇이 디모데가 든든한 믿음의 기초 위에 설 수 있도록 한다고 말했습니까? ______________________

하나님의 말씀으로부터 오는 단단한 믿음의 기초는 영원히 변치 않고 계속됩니다. 베드로후서 1장 16~21절을 묵상함으로 오늘의 경건의 시간을 마치십시오. 하나님 앞에서 잠잠히 기다리면서 그분께서 오늘 당신의 삶에서 이 구절들을 어떻게 적용하며 살아야 할지 보여 주시도록 기도하십시오.

성경 : 유일하고 참된 원천

> 이사야서 53장 5, 7, 9절, 디모데후서 1장 2~5절과 3장 14~17절을 읽으십시오.

성경은 참으로 놀라운 책입니다! 그것은 저자들이 기록할 때는 아직 일어나지도 않았던 수 백 가지의 사건들을 기록하고 있습니다. 미래의 왕과 왕국들, 탄생과 죽음, 세상에 오실 구세주에 관한 모든 예언들이 이 성경에 기록되어 있습니다.

예를 들어 미가서 5장 2절을 읽고 나서 마태복음 2장 1~6절을 읽어 보십시오.

미가 선지자는 구세주가 어디에서 나실 것이라고 했습니까? ____________________

예수님께서는 어디에서 태어나셨습니까? ____________________

이제 다음 구절을 읽어 보십시오. 이 구절은 이사야 선지자가 쓴 놀라운 예언 시입니다.

그가 찔림은 우리의 허물을 인함이요(5a)
그가 상함은 우리의 죄악을 인함이라(5b)
그가 징계를 받음으로 우리가 평화를 누리고(5c)
그가 채찍에 맞음으로 우리가 나음을 입었도다(5d)
그가 곤욕을 당하여 괴로울 때에도(7a)
그 입을 열지 아니하였음이여(7b)
그는 강포를 행치 아니하였고(9a)
그 입에 궤사가 없었으나(9b)
그 무덤이 악인과 함께 되었으며(9c)
그 묘실이 부자와 함께 되었도다(9d)
(이사야서 53장 5, 7, 9절)

이제 신약성경에 나오는 다음의 구절들을 읽어 보십시오. 그리고 위의 이사야서의 내용과 비교해 보고, 연관이 되는 절수를 옆에 써넣어 보십시오. (답은 127쪽에 있습니다.)

________ 요한복음 19장 34절
________ 마태복음 27장 14절
________ 요한복음 20장 25절
________ 마태복음 27장 38절
________ 요한복음 19장 1절
________ 마태복음 27장 57~60절

_______ 마태복음 27장 13절

_______ 요한복음 19장 4절

이사야서 53장이 그리스도가 오시기 수 백년 전에 쓰여졌다는 사실이 놀랍지 않습니까? 그 당시에는 십자가의 처형이라는 것은 전혀 없었습니다. 그럼에도 5절은 **'찔리다'** 라는 말이 십자가에서 못박은 것과 예수님의 옆구리를 찌른 것을 잘 표현하고 있습니다. 누가 예수님이 **'악한 사람과 함께'** (십자가 양쪽의 두 강도들) 처형되시고 나서, **'죽어서 부자와 함께'** 가시리라고 (예수님을 장사한 아리마대 사람 요셉) 상상이나 했겠습니까? 오직 하나님의 영만이 선지자들에게 이런 사실을 알게 해주신 것입니다!

예수님 자신도 미래를 예언하신 적이 있으십니다. 요한복음 14장 2~3절을 읽고 예수님께서 어떤 미래의 사건을 예언하셨는지 적어 보십시오.

1. ____________________

2. ____________________

예수님께서는 (1) **천국에 당신이 있을 곳을 마련하실 것**과 (2) **다시 와서 당신을 그분께로 데려다가 함께 있게 하시리라는 것**을 예언하셨습니다. 당신은 이런 약속들이 미래에 꼭 지켜지리라고 어떻게 믿을 수 있습니까?

____

많은 성경의 **예언들**은 이미 **성취되었습니다**. 그렇기 때문에 다른 **예언들도 결국에는 이루어지리라고 확신**할 수 있는 것입니다. 성경은 예언으로 가득 차 있습니다. 하나님만이 모든 예언들이 예외 없이 정확하게 다 이루어지도록 하실 수 있습니다. 하나님의 말씀을 기록한 성경은 과연 놀라운 책이지 않습니까?

영적 권위에는 네 가지 원천들이 있지만, 그 중 **한 가지만** 믿을 만한 것입니다! 사도 바울은 어느 것이 바른 것인가를 알았습니다. 디모데후서 3장 14~17절을 읽어 보십시오. 특별히 15절을 주의해서 보십시오. 디모데는 성경을 얼마나 오랫동

안 공부했습니까? ______________________________

디모데는 성경을 **어려서부터** 공부했기 때문에, 성경이 그에게 무엇을 줄 수 있다는 것을 알았습니까? ______________________________

이 세상의 어느 다른 책이 **"예수 그리스도를 믿는 믿음으로 말미암아 구원에 이르는 지혜"**를 줄 수 있습니까? 아무것도 없습니다!

디모데후서 3장 14절을 주의 깊게 보십시오. 바울은 젊은 디모데에게 무엇을 권면했습니까?

____

____

진리를 공부하는 것과 진리 안에 머무는 것에는 어떤 차이가 있습니까?

____

____

디모데후서 3장 16절을 보십시오. 이것이 이번 주의 두 번째 암송구절입니다. 그러므로 당신은 성경을 보지 않고서도 무슨 말씀이 쓰여 있는지 알아야 합니다. 성경은 하나님의 영감으로 된 책이기 때문에 어떤 것에 유익합니까? 네 가지를 써 보십시오.

____

____

성경을 가리킬 때 **'영감으로 되었다'** 는 말이 무슨 의미인지 확실히 봅시다. 원어는 **'숨을 불어넣다'** 는 의미를 가지고 있습니다. 성경은 이것을 기록하는 사람들의 마음에 하나님께서 그분의 **진리의 숨을 불어넣으셔서** 만들어진 하나님의 작품입니다. 성경은 단순히 진리를 담은 책이 아닙니다. 다른 책이나 환상이나 경험 혹은 전통이 때로 도움을 줄 수 있을지도 모르지만, 그 어느 것도 근본적인 것은 될 수 없습니다.

성경은 '**교훈과 책망과 바르게 함과 의로 교육하기에**' 유익합니다. 성경을 공부하는 것은 당신의 삶에 뚜렷한 효과를 가져다 줄 것입니다. 이제 17절을 주의 깊게 보십시오. 성경을 공부하는 것이 당신을 어떻게 되도록 만듭니까?

당신은 **모든 선한 일을 행하기에 온전한 준비를 갖추고 싶습니까?** 그렇다면 이제 무엇을 해야 하는지 아십니다. 성경을 열심히 읽고, 경건의 시간 중에 말씀을 묵상하면서 이 『매일 영적 성장 가이드』 교재를 충실하게 공부하면서, 성경 암송 구절들을 외우는 일입니다. 첫 번째 암송구절은 성경을 암송하는 것이 왜 중요한가에 대해 이야기하고 있습니다. 성경 암송구절들을 정기적으로 복습한다면, 그 구절을 외워서 아래에 쓸 수 있을 것입니다.

디모데는 어려서부터 성경을 공부했습니다. 당신이 아직까지 하지 못했다면, 오늘 시작하는 것이 최선의 방법입니다. 당신이 평생 성경을 읽고 공부하고 묵상하는 데 시간을 먼저 보내며 살아갈 수 있도록 하나님께 의탁하는 기도로 오늘 경건의 시간을 마치십시오.

124~125쪽에 있는 성경구절 맞추기의 답은 다음과 같습니다.

(5a)—요한복음 19장 34절 (7b)—마태복음 27장 14절 (5a)—요한복음 20장 25절
(9c)—마태복음 27장 38절 (5d)—요한복음 19장 1절 (9d)—마태복음 27장 57~60절
(7a)—마태복음 27장 13절 (9a, 9b)—요한복음 19장 4절

성경 : 유일하고 참된 원천(계속)

고린도전서 15장 3~7절, 사도행전 18장 24, 28절과 히브리서 5장 12~14절을 읽으십시오.

성경은 스스로를 가리켜 지혜와 의의 영원한 원천이라고 말합니다.

성경을 열기 전에 다음의 두 가지 설명을 읽으십시오. (1) 오늘 공부할 성경구절 가운데서 당신은 **율법, 교훈, 증거, 규례, 계명, 심판** 등 하나님의 말씀에 대한 여러 가지 표현들을 발견할 것입니다. (2) 성경에서 '하나님의 말씀' 이라는 표현은 성경의 기록 자체뿐만 아니라 보다 넓은 의미로 사용됩니다. 그것은 선지자의 입을 통해서나 그의 창조의 위엄을 통해서나 인간 역사의 질서를 통해서 **하나님께서 자신에 대해서 말씀하신 모든 것**을 의미합니다. 그러므로 '하나님의 말씀' 이라는 말은 하나님의 성품을 나타내는 적극적인 표현 방법입니다. 이것은 물론 하나님의 행하심을 기록해 놓은 책인 성경을 포함합니다.

이제 다음 구절들을 주의 깊게 읽으십시오. 시편 19편 7~11절; 37편 29~31절; 119편 89~91절, 98~101절, 130절, 160절; 이사야 40장 6~8절. 이 구절들은 성경이 스스로 주장하는 세 가지 요소 즉 **영원**하고 **지혜의 원천**이며 **의의 원천**이 된다는 것에 대해 설명하고 있습니다. 다음의 단어 옆에 앞의 말씀들 중 이를 설명하는 구절들을 써넣으십시오.

영원 ______________________________

지혜 ______________________________

의 ______________________________

당신이 방금 읽은 구절 외에도 이번 주 두 번째 암송구절이 성경에 대해 말하고 있습니다. 디모데후서 3장 16절을 외워서 적을 수 있습니까?

____

당신이 공부한 또 다른 구절들은 왜 많은 사람들이 성경을 잘못 해석하는가를 설명하고 있습니다. 성경은 하나님의 영으로 **계시**되었기 때문에, **내재하시는** 그리스도를 모신 사람만이 **올바른 해석**을 할 수 있습니다. 고린도전서 2장 14절을 써보십시오.

____

SCRIPTURE : THE ONE TRUE SOURCE

시편 37편 31절에서 성경은 어디에 간직해야 된다고 말합니까?

하나님의 말씀이 마음 속에 있으면 당신의 발걸음이 흔들리지 않는다는 것이 위로가 되지 않습니까?

네 가지 권위의 원천들이 있지만 오직 한 가지만 믿을 수 있습니다. 이제 당신은 그것이 무엇인지 압니다. 사도 바울도 무엇이 믿을만한 권위의 원천인지 알았습니다. 고린도전서 15장 3~8절을 읽어 보십시오. 두 번씩이나 그는 예수 그리스도의 죽으심과 무덤에 묻히신 것과 살아나신 것에 관한 그의 진술에 대한 권위를 언급하고 있습니다. 그 권위의 원천은 무엇이었습니까?

당신도 다른 사람들에게 전도할 때 성경을 당신의 권위의 원천으로 사용할 수 있습니다. 그러나 당신이 그리스도인이라 할지라도 이것이 그렇게 자연스럽게 나오지는 않습니다. 사도행전 18장 24절과 28절에 나오는 아볼로라는 그리스도인에 관한 이야기를 읽어 보십시오. 아볼로는 어떻게 그렇게 말을 잘하고 성경에 능통하게 되었다고 생각하십니까?

아볼로가 그러했듯이 **당신**도 성경을 잘 아는 것이 중요하다고 생각합니까? **성경공부**를 위해서 당신 자신의 우선순위를 재조정해야 할 만큼 중요합니까?

성경공부를 평생 습관으로 만들기 위해, 당신은 삶의 어느 부분을 '재조정' 해야 합니까?

진심으로 당신이 기꺼이 시간을 재조정할 준비가 되어 있습니까?
○ 예 ○ 아니오

사도행전 18장 28절을 읽으십시오. 아볼로가 예수께서 그리스도이심을 공중 앞에서 증언할 수 있기 전에 그는 무엇을 해야만 했습니까?

당신도 사람들 앞에서 그리스도를 증거할 수 있기를 원합니까?
○ 예 ○ 아니오

그렇다면 아볼로가 그랬던 것처럼 당신도 **자신을 준비**시키기 위해 **지금** 무엇을 시작해야 합니까?

히브리서 5장 12~14절을 읽으십시오. 이 구절들에 의하면 성경공부의 습관을 갖지 못한 그리스도인들은 어떤 비참한 결과를 갖게 되었습니까?

교사가 되었어야 할 그리스도인들이 **하나님의 말씀의 초보적 원리를 남들에게서 배워야 할 처지**에 놓이게 된다는 것은 얼마나 비참한 일입니까! 그런 사람들은 아볼로와 반대가 되는 사람들이지요? 아볼로를 상기시키는 한두 사람의 이름과 히브리서 5장 12~14절에 기록된 사람들과 같은 그리스도인을 생각나는 대로 한두 사람씩 적어 보십시오.

잠시 생각을 해보십시오. 만약 다른 사람이 이런 명단을 만든다면 **당신**의 이름은 어느 쪽에 적히게 될까요? ____________________

하나님께서는 당신에게 **지성**을 주셨지만, 그 지성을 옳고 그름을 가리고 선과 악을 분별하기 위한 궁극적인 권위로 삼으라고 주신 것은 아닙니다. **지성**이란 하나님의 인도하심을 찾기 위해 사용하신 **도구**일 뿐입니다.

하나님께서는 또 당신에게 귀한 경험을 갖도록 허락하시겠지만, 이런 것들은 절대로 숭배되거나 높여져서는 안 됩니다. 그 경험들은 단지 당신이 하나님과 아름다운 교제를 갖는데서 얻어지는 부산물일 뿐입니다. 경험이란 시간이 지남에 따라 점점 희미해져 갑니다. 예수님은 어제나 오늘이나 영원히 동일하십니다. 당신은 어떤 경험에 너무 집착한 나머지 하나님과의 **교제**를 잊어버리는 일이 없도록 해야 합니다.

지성이나 **경험**과 마찬가지로 어떤 전통은 하나님의 의지와 목적에 근거한 것일 수도 있습니다. 그러나 당신이 그 전통의 진정한 가치를 이해하거나 믿지 않으면서 단지 의식과 습관에서 행할 때, 당신은 **전통의 감옥** 속에 갇히게 됩니다. 예수님의 보혈만이 당신을 자유롭게 하실 수 있습니다. 그분은 당신에게 단순한 **형식**이 아닌, **실재**를 주시기 위해 오셨습니다. 그리스도와 직접적인 관계를 갖는 것이 조상들에게서 물려받은 것보다 훨씬 좋습니다.

그러므로 궁극적이고 완전한 권위인 **성경**으로 돌아와야 합니다. 성경은 당신의 믿음과 그리스도인으로서의 삶에 관해 당신이 알아야 하는 모든 것을 다 지니고 있다는 것이 참 대단하지 않습니까? 그리고 성경은 진리이기 때문에 그리스도인으로서 당신의 삶 가운데 성경을 공부하는 것보다 더 중요한 것은 없어야 합니다.

성경이 궁극적이고 완전한 권위라는 것을 믿기 때문에 목사님들은 성경을 선포하고 교사들은 성경을 설명하는 것입니다. 당신은 이분들의 설교와 가르침에서 많은 도움을 얻을 것입니다. 그러나 당신에게 보다 더 중요한 것은 성경을 **개인적으로** 직접 대하는 것입니다. 오늘 조금 전에 당신이 대답한 것을 돌아봅시다. 그리스도를 효과적으로 증거하기 위해서 당신 자신을 준비시키기 위해서 지금 무엇을 해야 한다고 썼습니까? 성경 공부를 평생 습관으로 만들기 위해, 당신은 삶의 어느 부분을 '재조정' 해야 한다고 했습니까? 이런 것들을 하기 위해 결심하고 당신 자신을 맡기는 기도로 오늘 경건의 시간을 마치십시오.

제5단원

네 가지 권위의 원천들

단원학습

이번 주 과제가 끝난 후에는 당신은 왜 다음 것들이 부적당한 권위의 원천인지를 당신 자신의 말로 설명할 수 있어야 합니다.

경험, 느낌, 감정: ______________________________

전통 : ______________________________

지성 : ______________________________

당신은 이번 주 경건의 시간을 마치면서, 당신의 일생에 변화를 가져올 수 있는 중대한 결심을 하고 하나님께 맡기는 시간을 가졌습니다. 당신이 결심한 것 중 가장 중요한 것을 요약하고, 그것이 그리스도인으로서의 당신의 삶에 어떤 영향을 주리라고 기대하는지 적어 보십시오.

제6단원

다섯-다섯 원리

단원 개요

많은 그리스도인들은 '잠잠한 그리스도인'의 단계에서 잠자고 있습니다. 그런 사람이 되지 마십시오!

그리스도께서는 우리에게 길을 잃은 사람들에게 복음을 전하라고 분부하셨습니다. 말로 그리스도를 전하지 않는 사람들은, 설사 그들이 교회에서 바쁘게 봉사한다 할지라도 그리스도를 전도하는 데는 효과적이지 못한 사람들입니다. 열매를 맺는 전도란 내재하시는 그리스도가 말로 증거되는 당신의 삶 속에 나타나야 합니다.

이번 주 주제는

다섯-다섯 원리입니다.

다섯-다섯 원리는 믿지 않는 당신의 친구들에게 전도하기 위한 간단하고 실질적인 접근방법입니다. 당신이 이 원리를 완전히 배우고 적용한다면 복음을 전하라는 그리스도의 명령에 더욱 효과적으로 순종할 수 있게 될 것이라고 보장합니다. 그리고 이렇게 할 때 당신은 더욱 큰 기쁨과 성취감을 느끼게 될 것입니다.

제1과

열 사람 전도하기

빌립보서 4장 6절과 디모데전서 2장 1, 3~4절, 그리고 8절을 읽으십시오.

당신의 왼손을 보십시오. 그리고 현재 당신 주위에 당신이 전도하는 것을 허락하지 않는 사람 다섯 명을 꼽아 보십시오. 그들은 당신이 그리스도와 그리스도께서 당신에게 하신 일들을 증거 하고자 할 때 차갑고, 냉소적이고, 의심 많고, 무관심하거나 혹은 적대감마저 나타낼지 모릅니다. 당신은 당신의 믿음을 나누고 증거함으로 그들도 그리스도인이 되기를 원하지만, 그들은 당신이 하는 말에 귀를 기울이지 않습니다.

이런 사람들에게 그리스도의 복음을 전할 수 있는 방법이 있을까요? 물론입니다! 당신은 그들을 위해서 기도할 수 있습니다!

당신의 오른손을 보고 현재 당신 주위에 당신이 전도하는 것을 **허락할** 사람 다섯 명을 꼽아 보십시오. 그들은 그리스도의 믿음을 가질 준비는 안 되어 있는지 몰라도 그리스도가 당신의 삶에 일으킨 변화에 대해 궁금해하고 있을 것입니다.

이들을 그리스도의 믿음으로 인도하는 방법이 있을까요? 물론입니다. 그들을 위해서 기도하면서 말로 전도할 수 있습니다!

오늘은 당신의 삶에 다섯-다섯 원리의 기초를 쌓기로 합니다. 당신은 이미 전도해야 할 열 사람을 꼽았습니다. 이제 당신은 당신의 전도를 듣는 사람들이건 듣지 않을 사람들이건, 그들을 위해 기도하는 것이 얼마나 중요한가를 이해해야 합니다.

기도의 능력은 당신의 전도를 듣는 사람들에게나 듣지 않는 사람들에게 같은 효력을 발휘하기 때문에 기도가 전도하는 것 자체보다 더 중요합니다. 어떤 위대한 그리스도인은 "당신은 기도한 후에는 기도보다 더 많은 것을 할 수 있지만, **기도할 때까지는 기도 이상의 아무 것도 할 수 없다!**" 고 말했습니다.

이제 빌립보서 4장 6절을 보십시오. 이것은 이번 주 암송구절입니다. 이 구절에 의하면 당신의 삶에서 당면하는 어떤 문제에 대해서 염려하는 대신 무엇을 하라고 했습니까?

이 구절에서는 당신이 기도할 수 있는 대상의 **한계**가 무엇이라고 했습니까?

그리스도인은 **모든 일을 하나님께 아뢸 수 있습니다.** 도대체 기도란 무엇입니까? 기도는 당신이나 혹은 다른 사람들의 삶에서 도움이 필요한 부분에 그리스도의 능력이 역사하시도록 하는 것일 뿐입니다. 기도란 도움이 필요한 그 부분에 당신이 그리스도를 모셔오는 것입니다. 당신의 기도에 대한 응답은 당신의 기도의 능력에 달린 것이 아니라 그곳에서 일하시는 그리스도의 능력에 달려 있습니다. 그러므로 당신이 전도를 **받아들이지 않는** 친구들을 위해 기도하는 것은 당신에 대한 그들의 **태도에도 불구하고 그리스도가 그들의 삶 가운데 역사하시도록 초청하는 것입니다.**

디모데전서 2장 1절을 읽으십시오. 이 구절에서 사도 바울은 누구를 **위해** 기도하라고 권면했습니까?

모든 사람들을 위해 기도하라는 말은 너무 광범위하고 일반적인 것처럼 들릴지도 모릅니다. 이것을 다른 말로 바꾸어 봅시다. 사람의 지위나 환경이나 태도나 어떤 것에도 상관없이 당신은 어느 누구를 위해서도 기도할 수 있습니다. 디모데전서 2장 4절에서 바울은 하나님께서 당신이 기도하기를 원하시는 두 가지 이유를 설명하고 있습니다. 그것들이 무엇인지 적어 보십시오.

1. ______________________________

2. ______________________________

만약 하나님께서 모든 사람이 다 구원받기를 원하시고 또 모든 사람이 다 진리를 알게 되기를 원하신다면, 당신은 하나님께서 어떻게 이 일을 이루기 원하시는지를 이해해야 합니다. 사도 바울은 디모데전서 2장 8절에 하나님에 관해 말하면서 **하나님께서 원하시는 것** 하나를 더 말하고 있습니다. 그것이 무엇입니까?

디모데전서 2장 8절의 '**손을 들고 기도하라**'는 말은 그 당시의 사람들이 기도

할 때 주로 했던 방법을 이야기하는 것입니다. 그들은 보통 지금 우리가 하듯이 무릎을 꿇거나 고개를 숙이거나 하지 않았습니다. 그 대신 서서 두 손을 들고 하늘을 쳐다보았습니다. 당신도 서서 두 손을 들고 하늘을 향해서 기도할 수 있습니다. 또는 무릎을 꿇거나 앉거나 혹은 다른 활동을 하는 중에도 기도할 수 있습니다.

여기서 바울이 주장하는 것은 우리가 어떤 자세로 기도해야 하는가 하는 문제와는 아무 상관이 없습니다. 그렇다면 바울이 하나님께서 기도에 관해서 우리에게 원하시는 것이 무엇이라고 말하고 있다고 생각합니까?

___

___

___

중요한 것은 '거룩' 이라는 말입니다. 이 교재를 처음 시작했을 때, '거룩' 이라는 말은 '구별되다' 혹은 '어떤 특정한 목적을 위해서 헌신되다' 라는 의미라고 배웠던 것을 기억하십니까? 무엇보다도 먼저 하나님께서는 우리가 열심히 기도하기를 원하십니다. 당신은 매일의 삶 가운데 자연스럽게 꾸준하게 기도하는 습관을 가져야 합니다.

두 번째 요점은 효과적으로 기도하기 원하는 사람들은 화를 내거나 말다툼을 하는 일이 없어야 한다는 것입니다. 우리가 이웃과 서로 좋은 관계에 있지 못하면서 하나님과 좋은 관계를 갖도록 기대할 수는 없습니다! 잘못된 태도와 감정들은 기도에 영향을 줍니다. 마태복음 5장 23~24절을 읽어 보십시오. 예수님께서는 우리가 하나님께 나아갈 수 있는 것과 우리와 다른 성도들과 관계 사이에서 어떤 상관 관계가 있다고 말씀하셨습니까?

___

___

이번 주 첫 번 암송구절을 다시 생각해 보십시오. 당신이 그 구절을 그저 공부하는 것에 그치지 말고 **지금 당장** 실천하기 바랍니다. 한 가지 방법을 가르쳐 드리겠습니다.

이 과제를 시작할 때 꼽았던 열 명의 이름을 아래에 적어 보십시오. 이제 디모데전서 2장 8절을 묵상하십시오. 당신이 구원받기를 원하는 이 친구들을 위해서 기도하기 전에 당신에게 변화될 필요가 있는 부분이 있습니까?

____

____

____

하나님의 도우심으로 이러한 변화를 가져올 수 있도록 당신을 맡기는 기도로 경건의 시간을 마치십시오. 그리고 나서 아래의 표에 있는 각 사람들을 위해 기도하십시오. 이들의 삶 가운데 그리스도께서 역사해 주시도록 한 사람씩 이름을 일일이 불러가면서 기도하십시오.

나의 전도를 거부하는 사람들	나의 전도를 용납하는 사람들
1. ____________	1. ____________
2. ____________	2. ____________
3. ____________	3. ____________
4. ____________	4. ____________
5. ____________	5. ____________

기도로 다섯 사람에게 전도하기

마태복음 7장 7~11절, 17장 20절, 21장 21~22절, 야고보서 1장 5~8절과 요한복음 6장 37절을 읽으십시오.

당신은 어제 왼손으로 당신의 믿음에 대해 이야기하는 것을 허락하지 않을 사람 다섯 명을 꼽아보았습니다. 이런 사람들을 위해서 당신이 할 수 있는 것은 기도밖에 없습니다. 당신은 오른손으로 당신의 믿음에 대해 이야기하는 것을 허락할 사람 다섯 명을 꼽아보았습니다. 이런 사람들을 위해서 당신은 기도와 전도를 함께 할 수 있습니다.

이제 마태복음 21장 21~22절과 야고보서 1장 5~8절을 읽어 보십시오. 이 구절들에 비추어 보아, 당신은 믿지 않는 친구들의 영혼 구원을 위해 기도할 때 낙담되거나 주저되거나 두려운 느낌이 듭니까? 만약 그렇다면 그렇게 느껴지는 이유를 써보십시오.

당신이 실제로 어떤 말로 대답을 했는가는 중요하지 않습니다. 당신이 친구를 위해 기도하기가 주저되고 두려운 이유가 무엇인가가 중요합니다. 당신의 믿음이 그리 강하지 못하다거나 혹은 다른 이유 때문에 그런 기도가 응답되지 않을 것 같아 두렵습니까? 요한복음 6장 37절을 읽고 믿지 않는 친구들을 위해 기도하는 것을 다시 생각해 보십시오. 예수님께서 당신의 기도에 응답하시기 위해서는 얼마나 큰 믿음이 필요합니까? 마태복음 17장 20절에서 답을 찾아 써보십시오.

예수님께서는 겨자씨 한 알만한 믿음이면 족하다고 하셨습니다! 당신의 믿음이 당신의 필요를 예수님께 가져갈 만큼만 되면 충분합니다! 예수님은 그러한 믿음을 존중해 주시겠다고 약속하셨습니다. 예수님은 그를 믿는 사람이면 어느 누구도 **결코 물리치지 않으실 것입니다**. 당신의 마음속에 스스로 해결할 수 없는 의심이 생길 때라도 예수님께 이 문제를 가지고 나올만한 믿음만 있으면 다 해결해 주십니다. 당신의 믿음이 너무 약해서 기도가 아무 소용이 없을 것이라고 생각하지 마십시오. **기억하십시오**. 기도란 당신이나 다른 사람들의 삶에서 도움이 필요한 부분에 그리스도의 능력이 역사하시도록 하는 것입니다.

당신에게 당신이 꼽고 있는 기도 대상자 다섯 명과 증거 대상자 다섯 명의 삶 속에 예수님께서 역사하시어 능력을 보여 주시도록 **기도할 만큼의 믿음만 있다면**, 그것으로 충분합니다. 당신 자신의 힘이 부족함을 인정하고, 예수님께서 무한하신 능력으로 역사하실 것을 믿는 것이 가장 큰 믿음입니다. 당신의 믿음이 적어서 혹시 예수님의 능력을 제한하지는 않을까 걱정하지 마십시오. **기도하십시오!** 이것은 단순히 주님을 당신이 필요한 부분에 모셔들이는 것입니다. 빌립보서 4장 6절의 말씀대로 다만 기도하십시오. 당신은 그 구절을 암송했습니까? 외워서 적어 보십시오.

____

____

____

오늘 경건의 시간을 마칠 때에, 당신은 어제 기록했던 전도를 거부하는 다섯 사람들을 위해 기도하게 될 것입니다. 우선 당신의 기도를 돕기 위해서 기도의 세 가지 단계를 살펴보겠습니다.

마태복음 7장 7~8절을 읽으십시오. 흔히 우리는 기도를 **'하나님과의 대화'** 라고 표현합니다. 이 구절들은 기도를 세 가지의 다른 행동으로 묘사하고 있습니다. 각각의 행동은 특정한 결과를 가져옵니다. 이 각각의 행동과 이에 따르는 결과를 적어 보십시오.

	행동	결과
1.	______________	______________
2.	______________	______________
3.	______________	______________

답을 찾기가 쉬웠습니까? 이제 위의 구절들에서 사용한 세 가지 동사 혹은 행동에 대해 묵상하십시오.

구하는 것은 당신이 이미 알고 있는 것을 요청하는 것을 말합니다. 예를 들면 "주님, 내 친구가 **당신의 사랑을 깨닫게** 해주십시오."와 같은 기도를 말합니다. 당신은 그리스도의 사랑에 대해 이미 알고 있습니다. 단지 당신의 안 믿는 친구가 그리스도를 믿고, 당신이 알고 있는 그리스도의 사랑에 대해 알게 되기를 원하는 것입니다.

반면에 **찾는 것**은 당신이 알지 못하는 것에 대해 응답을 요청하는 것입니다. "주님, 제가 친구에게 당신의 사랑을 어떻게 전달할 수 있는지 보여 주십시오. 이제 어떻게 해야 할지 **모르겠습니다**"와 같은 기도입니다.

두드리는 것은 닫힌 문 뒤의 어떤 필요한 영역에 그리스도께서 들어가시도록 요청하는 것입니다. "주님, 제 친구는 부도덕한 생활이 당신께 나오는 것을 막고 있습니다. 그 친구의 도움이 필요한 곳에 문을 열어 주시고, 당신이 그를 구원할 수 있다는 것을 그에게 보여주십시오"와 같은 기도입니다.

마태복음 7장 9~11절을 읽으십시오. 이 구절에서는 몇 개의 비교를 볼 수 있습니다. 어떤 비교가 가장 중요한 것입니까?

마태복음 7장 9~11절에 나오는 비교 중에서 가장 중요한 것은 빵과 돌, 혹은 생선과 뱀의 비교가 아닙니다. 그것은 **이 세상의 아버지와 하늘에 계신 아버지**의 정직함과 동정심을 비교한 것입니다. 이 구절들을 통해 볼 때, 당신이 **구하고, 찾고, 두드리며 기도한 것**은 반드시 응답되리라는 확신을 어떻게 얻을 수 있습니까?

이 세상의 아버지가 자녀에게 구하는 것을 줄진대, **하늘에 계신 아버지**께서는 더욱 우리가 구하는 것을 주시리라는 것을 확신할 수 있습니다. 당신은 이것이 마태복음 7장 9~11절을 잘 요약한 문장이라고 동의하십니까? ____________

당신은 전도를 거부하는 다섯 친구들을 위해 기도할 때 하늘에 계신 아버지께 무엇을 구하겠습니까? 실질적으로 생각해 보십시오. 당신은 하늘에 계신 아버지께서 당신에게 **'그리스도를 증거하도록 마음 문을 열지 않기 때문에 기도밖에는 할 수 없는 다섯 사람에게 구원'**을 주시도록 기도하고 있는 것입니다. 앞에서 설명한 기도의 세 가지 형태를 잠시 복습하십시오. 그 다섯 사람들을 위해 기도할 때 당신은 무엇을 구하고, 찾고, 두드릴 수 있습니까?

1. 이름 ____________
   구할 것 ____________
   찾을 것 ____________
   두드릴 것 ____________
2. 이름 ____________
   구할 것 ____________
   찾을 것 ____________
   두드릴 것 ____________
3. 이름 ____________
   구할 것 ____________
   찾을 것 ____________
   두드릴 것 ____________
4. 이름 ____________
   구할 것 ____________
   찾을 것 ____________
   두드릴 것 ____________

5. 이름 ______________________________

구할 것 ______________________________

찾을 것 ______________________________

두드릴 것 ______________________________

이 '증거를 거부하는 사람들' 을 전도하는 데 기도의 힘이 얼마나 큰지를 발견하는 유일한 방법은 그들을 위해 **기도하는 것**입니다. 위의 한 사람 한 사람을 위해 구하고 찾고 두드리는 기도를 함으로 오늘 경건의 시간을 마치십시오. 각 사람의 삶에서 도움이 필요한 특정한 부분에 대해 기도하십시오. 매일 기도하도록 결심하십시오. 그러고 나서 기도의 결과를 기다리십시오. 하나님께서는 늘 택하신 때에 반드시 당신의 기도에 응답해 주십니다!

FIVE YOU CAN ONLY PRAY FOR

기도의 세 가지 측면

미태복음 28장 18~20절, 14장 23절, 마가복음 1장 35절, 누가복음 6장 12절, 22장 39~41절과 요한복음 14장 13~14절을 읽으십시오.

사도 바울은 기도의 중요성에 대해 알고 있었습니다. 이것을 증명할 수 있는 바울 서신 중의 한 구절, 즉 빌립보서 4장 6절을 아래에 적어 보십시오. 외워서 적을 수 있습니까?

____

____

당신은 어제 기도의 중요성에 관해 예수님께서 말씀하신 것을 배웠습니다. 마태복음 21장 21~22절을 한 문장으로 요약할 수 있습니까? 기억할 수 없다면 어제의 과제를 보십시오.

이제는 마태복음 14장 23절, 마가복음 1장 35절, 누가복음 6장 12절과 22장 39~41절을 읽어 보십시오. 이 구절들에 의하면 예수님께서 기도하러 가신 장소 세 군데는 어디입니까?

1. ____________________

2. ____________________

3. ____________________

예수님은 기도하시려 **산**에, **한적한 곳**에, 그리고 **감람산**으로 가셨습니다. 그리고 밤과 이른 새벽 동트기 전에 기도하셨습니다. **예수**님은 왜 기도하시기 위해 그런 시간과 장소를 택하셨겠습니까?

____

____

누가복음 22장 41절에서 답을 찾을 수 있을 것입니다. 예수님께서는 그들과 헤어져, '돌을 던져서 닿을 만한 거리' 에 가셨습니다. 그것은 하나님 아버지와 **단 둘**이 있을 수 있는 **시간과 장소**를 택하신 것입니다. 어느 구절의 어느 말을 통해 기도가 예수님의 **생활 습관**임을 알 수 있습니까?

____

____

누가복음 22장 39절에 **'습관을 좇아'** 라는 말을 찾았습니까? 예수님께서는 때로 **얼마나 오랫동안** 기도하셨습니까? 어떤 구절이 그것에 대해 말해줍니까?

누가복음 6장 12절은 예수님께서 때로 **밤을 새우면서** 기도하신 것을 말해줍니다. 이 말의 의미를 생각해보십시오. 예수님은 하나님 아버지와 끊임없는 기도의 교제를 나누며 사셨습니다. 그럼에도 불구하고 예수님은 기도를 위해 생활의 현장에서 잠시 떠나 정해진 시간과 특별한 장소에서 기도해야 할 필요를 느끼셨던 것입니다. 때로 예수님은 한번에 여러 시간씩 기도하시곤 하셨습니다. 예수님의 기도의 습관을 생각해 볼 때, 당신 자신의 기도생활에 대해 어떤 결론을 내릴 수 있습니까?

그리스도 안에서 성장하는 것은 근본적으로 우선순위의 문제입니다. 당신이 내재하시는 그리스도께서 온전히 주장하시도록 맡기기 전에는 '낮은 우선순위' 에 속하는 것들을 많이 행하고 있었습니다. 옛 습관들이 아직도 남아있기 때문에, 당신은 기도하는 시간을 갖기 위해서 의도적으로 자신의 시간관리를 재조정해야 할 필요가 있을지 모릅니다. 당신의 믿지 않는 친구들을 위해 언제, 어디서 기도하시겠습니까? 이것은 아주 중요한 것이므로 **오늘 생각해야 할 문제**입니다. **내일이 오기 전**에 변화를 가지십시오!

당신은 어제 마태복음 7장 7~8절에서 예수님께서 구하고, 찾고, 두드리는 것에 관해 말씀하신 것을 배웠습니다. 이제는 요한복음 14장 13~14절에서 예수님께서 무슨 말씀을 하셨는가를 보십시오. 각 구절들은 기도할 때 어떻게 구해야 하는가를 말해줍니다. 당신은 누구의 이름으로 기도해야 합니까?

기도의 세 가지 측면

당신이 **예수님의 이름**으로 구할 때, 누구의 영광스러운 능력이 역사하십니까?

당신이 예수님의 이름으로 기도할 때 **전능하신 하나님 아버지께서 그 아들 그리스도 안에서 영광을 받으실 것입니다.** 마태복음 28장 18~20절을 읽어 보십시오. 18절에 의하면 **예수님의 이름**으로 기도할 때 **어떤 능력**이 나타납니까?

"하늘과 땅의 모든 권세를 내게 주셨으니" 이 얼마나 놀라운 말씀입니까! 그리고 당신이 **예수님의 이름**으로 기도할 때 얼마나 놀라운 능력이 나타나겠습니까!

다섯-다섯 원리를 계속 공부하십시다. 당신은 아마 당신의 증거에 대해 마음 문을 열고 허락하는 사람들을 위해 기도하는 것이, **마음 문을 닫고** 허락하지 않는 사람들을 위한 기도보다 더 쉽다는 것을 깨달았을 것입니다. 이것은 마음 문을 열지 않는 사람들은 당신이 전도하기가 더 힘들다는 말입니까?

정말로 그들을 전도하기가 더 힘듭니까? 그런 생각을 지워버리십시오. 일하시는 분은 그리스도라는 것을 기억하십시오. 당신이 쉽거나 어렵다고 생각하는 것은 하나님이 생각하시는 것과 전혀 다릅니다. 이 사람을 전도하는 것이 다른 사람을 전도하는 것보다 '더 힘들다'고 생각하는 것은 당신의 기도생활에 제한을 줄 뿐입니다. 그런 사람들을 위해 **예수님의 이름**으로 기도할 때, 그들의 삶에 들어가 역사하시는 분은 **하늘과 땅의 모든 권세를 가지신 분**이십니다.

회오리 바람이 숲에 몰아칠 때 단단한 나무나 부드러운 나무가 상관이 있습니까? 아닙니다! 회오리 바람의 힘이 워낙 강하므로 단단한 나무나 부드러운 나무나 상관이 없습니다.

당신의 **기도의 힘을 과소평가하지 마십시오**. 당신이 주님께서 어떤 사람의 삶에 들어가시기를 구하면, 그분이 그렇게 하실 것을 절대로 의심하지 마십시오. 그분은 당신이 구하거나 생각하는 것보다 훨씬 더 많은 것을 하실 수 있습니다. 하늘과 땅의 모든 권세가 그분의 이름에 있습니다.

경건의 시간을 마치기 전에 손 그림에 다 채울 수 있는지 보고 8쪽과 답을 맞춰 보십시오.

믿지 않는 친구를 위해 기도하는 것은 하나님의 능력이 그들의 삶 가운데 역사하시도록 하는 것입니다. 당신은 그것보다 더 중요한 일을 할 수가 없습니다. 그들을 위해 기도하기 위한 특정한 시간과 장소를 마련하기 위해서, 당신은 한 주간의 일정표 가운데 무엇을 빼거나 재조정하거나 취소하시겠습니까?

이 각각의 친구들을 위해서 당신은 얼마나 오랫동안 구하고 찾고 두드리겠습니까?

이 친구들을 위한 기도를 당신의 경건의 시간 중에 **함께** 할 것입니까? 아니면 그들을 위한 기도 시간을 **따로** 마련하시겠습니까?

언제, 어디서 이 친구들을 위해 기도하시겠습니까?

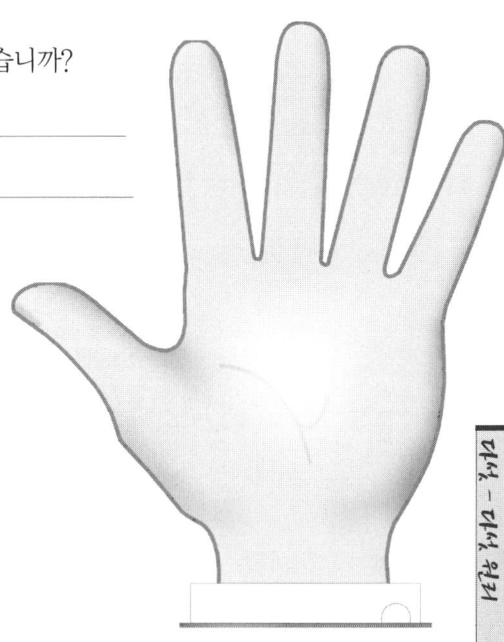

이 친구들을 위해 기도할 시간을 낼 것을 결심하면서 오늘 경건의 시간을 마치십시오.

증거를 통해 다섯 사람에게 전도하기

사도행전 1장 8절과 요한복음 15장 26~27절을 읽으십시오.

당신의 일생동안 언제나 열 손가락을 다 채우시기 바랍니다. 그리스도를 섬기며 사는 동안, 언제나 **기도 대상자 다섯 명**과 **전도 대상자 다섯 명**을 가지고 계십시오.

'증인' 이라는 말은 **'증거를 제공하는 사람'** 이라는 뜻입니다. 증거한다는 것은 설교한다는 것과는 다릅니다. 그것은 성경을 가르치는 것도 아닙니다. 그것은 확실한 근거를 제시하는 것입니다. 당신은 그리스도를 당신의 구세주로 믿고 당신의 삶에 그분을 모셔들입니다. 그 결과로 당신의 성품에 주님의 성품이 '더해짐으로' 주위의 모든 사람들이 변화된 당신의 모습을 보게 됩니다. 이 '더해진 성품'이 바로 그리스도시며, 당신을 통해서 그분의 사랑이 흐르게 하시는 것입니다.

예수님께서는 하늘로 승천하시기 직전에 그분을 따르던 사람들에게 **위대한 선언, 위대한 명령, 위대한 약속**을 하셨습니다. 이 세 가지가 마태복음 28장 18~20절에 나와 있습니다.

이것은 이번 주의 두 번째 암송구절입니다. 아래에 적고 지금 외우십시오.

____

____

____

예수님의 위대한 선언이 무엇인지 위의 구절에서 찾아 옆에 X표를 해 보십시오. 당신은 어제 기도의 위대한 **능력**에 대해 배울 때 이 선언을 공부했습니다.

마태복음 28장 18~20절의 앞부분에서 **위대한 선언**을 찾았으면, 이번에는 같은 절의 끝 부분에 있는 **위대한 약속**에 밑줄을 그으십시오. 이 둘 사이에 있는 부분은 예수님께서 그를 따르는 모든 사람에게 내리신 **위대한 명령**입니다. 이것은 때로 '**지상 명령**(The Great Commission)' 이라고 불리기도 합니다.

당신은 사도행전 1장 8절에서도 예수님께서 지상에서의 사역을 마치시기 조금 전에 그를 따르는 사람들에게 주셨던 다른 중요한 **약속**과 **명령**을 볼 수 있습니다. 그 구절을 읽으십시오. 예수님은 그리스도인들이 증거하기 전에 무슨 일이 먼저 일어나야 한다고 하셨습니까?

예수님을 따르는 사람들은 왜 성령을 받아야 합니까?

사도행전 1장 8절에서 예수님은 그를 따르던 사람들이 성령님의 능력으로 전도해야 할 지역들을 말씀하셨습니다. 그들이 당시 살고 있던 예루살렘에서 시작해서 점차 먼 지역으로 확대시켜 가셨습니다. 아래 왼쪽의 네 개의 원을 보십시오. 가운데는 이미 채워져 있습니다. 사도행전 1장 8절에서 예수님이 증인이 되라고 언급하신 지명들로 바깥의 다른 원들도 채워 보십시오.

예수님께서 증인이 되라고 말씀하신 **원리**는 지금도 똑같이 적용할 수 있습니다. 밑의 오른쪽 원의 가장 가운데에 당신이 사는 곳의 이름을 적으십시오. 다음 원에는 도/시 이름을, 그 다음 원에는 당신의 나라 이름을 적고, 제일 가장자리에는 왼쪽 원의 가장자리와 같은 말을 적으십시오. 지금 적은 그 곳이 당신이 전도해야 할 가장 마지막 **지경(地境)**이라는 것에 동의하십니까?

요한복음 15장 26~27절을 읽어 보십시오. 사도행전 1장 8절과 요한복음 15장 26~27절에 의하면 그리스도의 증인이 되기 위해 갖추어야 할 가장 **중요한 요건**

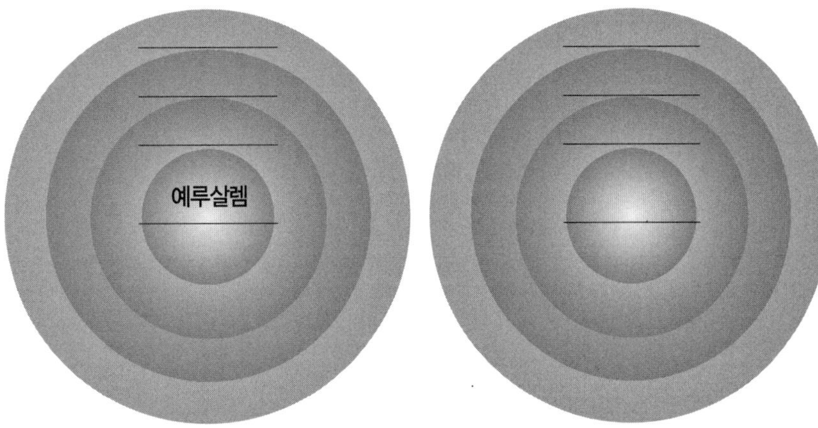

이 무엇입니까?

이제는 사도행전 2장 13~18절과 에베소서 5장 18절을 읽으십시오. 이 두 구절에서는 어떤 비교를 하고 있습니까?

에베소서 5장 18절과 사도행전 2장 13~18절에서는 **성령 충만한 것**을 **술 취한 것**과 비교하고 있습니다. 이제 사도행전 2장 1~18절까지의 이야기를 전부 읽어 보십시오. 그리스도의 증인이 되기 위한 **가장 기본적인 요소**는 무엇입니까?

당신은 성령 충만한 것이 가장 기본적인 요소라고 썼습니까? 이제 다음의 두 설명문을 주의 깊게 읽으십시오. 사도행전 2장 1~18절을 다시 생각해 보고, 맞는다고 생각되는 곳에 표시해 보십시오.

○ 성령은 단순히 그들에게 **내적 체험**을 주셨으며, 그것에 대해 말하는 것은 기대하지 않으셨다. **'말 없는 전도'** 로 충분했다.

○ 성령 충만을 받은 사람들에게서 성령님이 원하는 첫 번째 행동은 불신자들에게 **말로 증거함**으로써 모든 사람들이 그리스도에 대해 듣도록 하는 것이었다.

답을 찾기가 쉬웠습니까? 사도행전 2장에서 사람들은 성령 충만한 성도들이 술 취했다고 생각했습니다. 베드로는 그들이 술에 취한 것이 아니라 하나님의 영에 취한 것이라고 설명을 해야만 했습니다.

사람들이 술에 취하면 술이 그들을 지배합니다. 그들은 자제하지 못하고 떠들게 되며, 맑은 정신으로는 절대로 얘기하지 않았을 것들을 말하고, **옛 속성**의 욕구에 쉽게 빠져들게 됩니다. 바울은 그리스도인들에게는 이런 일이 없도록 해야 한다고 말합니다. 그 대신 그들의 믿음에 합당하게 살고 또 증거하는 데 두려움이나 거리낌이 없어지도록 성령에 취해야 한다고 말합니다. 그리고 내재하시는 그리스도이신 **새로운 속성**에 지배되기 때문에 '자제할 수 없는 만큼' 그래야 된다고 말합니다.

어떤 사람이 말했습니다. "이 세상에서 가장 위선적인 사람은 '나는 다른 사람들에게 그리스도에 대해 **이야기** 할 필요가 없습니다. 그들이 내 행동을 보기만 하면, 내가 그리스도인이라는 것을 알게 될테니까요' 라고 말하는 사람이다." 이 얼마나 자기 행동을 교묘하게 정당화시키는 자만심에 찬 말인지요! 그러나 자기 자신이 더 이상 주관자가 되지 않고 그리스도로 **주관하시게** 하면, 당신은 그분에 대해 증거하게 될 것입니다.

그러나 당신은 "내가 내 삶에서 안 믿는 사람에게 중요한 그 어느 것을 가지고 있다는 말입니까?" 라고 물을지도 모릅니다. 중요한 것은 당신은 죽음에서 생명으로 옮겨졌다는 사실입니다. 그리스도의 영이 이미 당신 안에 계시고 또 필요할 때마다 계속해서 채워 주십니다. **기억하십시오.** 증인이란 증거를 제시하는 사람입니다. 그리스도가 당신을 통해서 사심으로, 당신은 제시할 증거를 많이 가지고 있습니다.

당신이 증거하도록 허락하는 다섯 친구들은 당신의 삶에 '더해진 요소' 에 호기심을 가지고 있습니다. 두려워하지 마십시오! 당신이 내일 작성할 자신의 간증문으로 그들에게 증거할 것을 지금 결심하십시오. 그들의 이름을 써 보십시오. 앞으로 일주일 이내에 그들 한사람 한사람에게 증거할 수 있도록 계획을 세우고, 각 사람의 이름 옆에다 시간을 적어 보십시오.

이제 이 다섯 사람들을 위해 기도하고 경건의 시간을 마치십시오.

간증하기

로마서 1장 16절, 사도행전 22장 1~15절, 26장 9~20절, 마태복음 9장 10~13절과 고린도전서 9장 19~23절을 읽으십시오.

어제 공부한 내용 중에서, 증인이란 **증거를 제시하는 사람**이라는 것을 기억하십니까? 그렇다면 믿지 않는 친구들을 위해서 당신이 보여줄 수 있는 증거가 무엇입니까?

당신이 가진 증거란 내재하시는 그리스도가 모든 것을 주관하심으로 인해 당신은 **변화된 삶**을 살고 있다는 것입니다. 당신은 그리스도가 어떤 분이시고, 그분이 당신을 위해서 무엇을 하셨으며, 또 그분은 당신에게 얼마나 귀한 분인가를 사람들에게 말함으로써 증거를 말로 제시해야 합니다.

사도 바울은 어떻게 말로 증거하는가를 알고 있었습니다. 뿐만 아니라 그는 들을만한 사람에게는 누구에게나 어떤 기회든지 놓치지 않고 **말로 전도**했습니다. 바울이 쓴 다음의 고백을 한 번 크게 읽어 보십시오: "내가 복음을 부끄러워하지 아니하노니 이 복음은 모든 믿는 자에게 구원을 주시는 하나님의 능력이 됨이라 첫째는 유대인에게요 또한 헬라인에게로다." 당신은 솔직히 바울이 로마서 1장 16절에서 말한 이와 같은 고백을 할 수 있습니까?

성경은 사도 바울이 말로 전도한 예를 적어도 두 군데서 보여주고 있습니다. 사도행전 22장 1~15절과 사도행전 26장 9~20절을 읽으십시오. 이 두 경우 모두 바울이 제시한 증거란 **자기 자신이 믿게 된 체험**이라는 것을 주의해 보십시오. 그는 두 군데 모두에서 자신의 체험에 대해 네 가지를 언급하고 있습니다. 당신이 읽은 두 구절에서 바울이 말로 증거한 이 네 가지가 성경에 나온 순서대로 아래의 도표에 열거되어 있습니다. 이 구절들을 읽고, 아래의 빈 칸에 사도 바울이 자신의 개

말씀 내용	사도행전 22장	사도행전 26장
1. 바울은 그리스도를 따르지 않았다.	3-5절	9-12절
2. 하나님께서 바울의 대적함을 다루기 시작하셨다.	______	______
3. 바울이 그리스도를 주님으로 영접했다.	______	______
4. 바울의 새로운 삶의 목표는 그리스도께 향해졌다.	______	______

종 체험을 이야기한 네 가지 증거에 해당하는 성경구절을 찾아 써넣어 보십시오 (답은 155쪽에 있습니다).

대부분의 불신자들은 사도 바울의 간증과 같은 것을 우리 믿는 사람들에게서 거의 들어 보지 못했다는 사실에 당신은 놀라게 될 것입니다. 구원의 체험은 각 사람마다 다릅니다. 그러므로 당신이 어떻게 그리스도를 믿게 되었는가 하는 간증은 **개인적이고 독특한 것**입니다. 그러므로 당신의 간증은 당신만이 할 수 있는 것이요 그것을 아무도 흉내낼 수 없습니다. 그러나 당신의 간증이 독특한 것이라 할지라도 바울의 간증과 같은 내용들로 크게 나누어 볼 수는 있을 것입니다.

어제 경건의 시간을 끝낼 때, 나는 당신에게 증거하도록 허락하는 다섯 사람에게 전도할 특정한 시간을 정하도록 결심할 것을 부탁했습니다. 이제 그 결심을 한 지 24시간이 되었습니다. 그들과 만나거나 약속을 하기 위해 시간을 사용하셨습니까? 만약 아직 못하셨다면 이 경건의 시간을 끝내기 전에 **지금 당장** 하십시오. 그들과 만나도록 약속을 정하십시오. 당신의 삶에서 가장 멋지고 흥분된 경험을 말하고 싶으니까 30분만 시간을 내어달라고 부탁하십시오. 이제 다시 이 과제로 돌아와 경건의 시간을 마치십시오.

아래의 분류에 따라서 당신의 간증을 간략하고 알아듣기 쉬운 말로 표현해 써 보십시오.

1. 그리스도인이 되기 전 나의 생활과 태도

___

2. 하나님께서 내게 말씀하시는 것을 어떻게 깨닫게 되었는가?

___

3. 내가 어떻게 그리스도인이 되었는가?

___

4. 그리스도인이 되었다는 것은 나에게 무엇을 의미하는가?

당신이 처음 그리스도인이 되었을 때를 생각해 보십시오. 당신이 그리스도를 믿기로 결심하기까지 어떤 사람들의 영향이 컸을 것입니다. 그렇지 않습니까? 안 믿는 사람들을 그리스도께로 나오게 하는 데는 개인적인 접촉보다 더 좋은 방법이 없습니다.

마태복음 9장 10~11절을 읽어 보십시오. 사람들은 예수님의 무엇에 대해 **비방**합니까?

왜 예수님께서는 사람들이 비방하는데도 다른 사람들이 용납하지 못하는 이들과 개인적으로 만나셨습니까? 마태복음 9장 12~13절에서 답을 찾아보십시오.

예수님께서는 죄인들을 회개시키려고 오셨습니다. 그분은 영적으로 병든 사람들에게 자비심과 동정심을 가지셨습니다. 이제 사도 바울이 고린도전서 9장 19~21절에 기록한 것을 읽어 보십시오. 아래의 문장 중에서 사도 바울의 뜻과 일치하는 것은 어느 것입니까?

"나는 누구와 상종하든지 상관없다."
"나는 내가 만나는 어느 누구의 의견에나 다 동의한다."
"나는 모든 종류의 사람들과 친분을 맺어서, 그들이 내 전도를 들을 만큼 나를 신뢰하도록 한다."

마지막 문장이 사도 바울이 사람들에게 접근하는 방법이었습니다. 왜 바울은 그러한 접근 방법이 필요하다고 느꼈습니까? 고린도전서 9장 22~23절을 읽고 답을 찾아 보십시오.

바울은 그와 친분을 맺는 모든 사람들이 다 그리스도를 받아들이지 않으리라는 것을 알았습니다. 그러나 가능한 한 많은 사람들에게 전도하고자 하는 소망을 가지고 모든 종류의 사람들과 친분을 맺었던 것입니다.

흥미롭게도 사도행전에는 그리스도인의 도움 없이 스스로 믿게 된 사람의 예는 단 하나도 없습니다! 당신의 오른손을 다시 보십시오. 이 다섯 명은 당신이 증거하는 것을 허락하는 사람과 함께 시간을 보낸다는 뜻이 아닙니다. 당신은 그들 안에 진지한 어떤 호기심을 불어 넣어야 합니다. 당신이 그들과 당신의 간증을 나눌 때 그들은 당신의 말과 삶과 생각에서 그리스도를 보게 될 것입니다. 그들은 당신 안에 내재하시는 그리스도의 넘쳐나는 힘으로부터 벗어나지 못할 것입니다.

152쪽 문제의 답은 다음과 같습니다.

사도행전 22 장	사도행전 26장
3~5절	9~12절
6~9절	13~18절
10~13절	19절
14~15절	19~20절

제6 단원

다섯-다섯 원리

단원복습

이번 주 복습과제로, 아래의 보기 중에서 가장 알맞다고 생각되는 것을 골라 빈 칸을 채워보십시오. 이번 주 공부한 것 중 중요 요점을 기억하면 쉽게 채울 수 있을 것입니다.

1. 이번 주 주제는 ____________ 입니다.
2. 당신의 왼손은 당신이 다만 ____________ 을 기억나게 합니다.
3. 당신의 오른손은 기도와 함께 ____________ 을 기억나게 합니다.
4. 증거하는 데 가장 중요한 요소는 ____________ 입니다.
5. '거룩하다'는 말은 ' ____________ ' 라는 의미를 가지고 있습니다.
6. '손을 들고 기도하라'는 권고는 기도에 ____________ 을 다 하라는 의미입니다.
7. 불신자들을 위해 기도할 때 기억해야 할 세 가지 요소는 ______ , ______ , ______ 것입니다.
8. 기도한다는 것은 ____________ 의 문제입니다.
9. 기도란 ____________ 과 함께 대화한다는 것입니다.
10. 기도는 ____________ 습관입니다.
11. 기도란 그리스도의 ____________ 을 믿는 것입니다.
12. 증인은 ____________ 의 충만함을 받고 그분의 힘을 덧입어야 합니다.
13. 증인은 ____________ 를 제시하는 사람입니다.
14. 불신자들이 부정하거나 논쟁할 수 없는 것은 당신의 ____________ 입니다.

보기

증거, 기도, 경험, 다섯-다섯 원리, 구별되다,
하나님 말로 전도할 수 있는 사람들, 열심, 우선순위, 생활, 성령,
찾고 두드리는, 능력, 기도할 수 있는 사람들

정답은 158쪽에 있습니다.

MAKE CHRIST KING

Survival Kit

106쪽 정답

(1) 선고	(2) 세력	(3) 대제사장	(4) 사건	(5) 구원의 세 가지 단계
(6) 성령	(7) 죽으심	(8) 존재	(9)죄는 범하지	(10) 이루어 나가야
(11) 유산 상속	(12) 생명	(13) 하나님의 인장	(14) 과정	(15) 아무것도 없습니다

156쪽 정답

(1) 다섯-다섯 원리	(2) 기도할 수 있는 사람들	(3) 말로 전도할 수 있는 사람들
(4) 기도	(5) 구별되다	(6) 열심
(7) 찾고 구하고 두드리는	(8) 우선순위	(9) 하나님
(10) 생활	(11) 능력	(12) 성령
(13) 증거	(14) 경험	

성 경 암 송 카 드

제1단원 - 내재하시는 그리스도

내가 주께 범죄치 아니하려 하여 주의 말씀을 내 마음에 두었나이다

(시편 119편 11절)

제5단원 - 첫째 구절 / 네 가지 권위의 원천들

육에 속한 사람은 하나님의 성령의 일을 받지 아니하나니 저희에게는 미련하게 보임이요 또 깨닫지도 못하나니 이런 일은 영적으로라야 분변함이니라

(고린도전서 2장 14절)

제2단원 - 한 몸

우리가 한 몸에 많은 지체를 가졌으나 모든 지체가 같은 직분을 가진 것이 아니니 이와 같이 우리 많은 사람이 그리스도 안에서 한 몸이 되어 서로 지체가 되었느니라

(로마서 12장 4~5절)

제5단원 - 둘째 구절 / 네 가지 권위의 원천들

모든 성경은 하나님의 감동으로 된 것으로 교훈과 책망과 바르게 함과 의로 교육하기에 유익하니

(디모데후서 3장 16절)

제3단원 - 두 가지 속성

내가 이르노니 너희는 성령을 좇아 행하라 그리하면 육체의 욕심을 이루지 아니하리라 오직 성령의 열매는 사랑과 희락과 화평과 오래 참음과 자비와 양선과 충성과 온유와 절제니 이같은 것을 금지할 법이 없느니라

(갈라디아서 5장 16절, 22~23절)

제6단원 - 첫째 구절 / 다섯-다섯 원리

아무것도 염려하지 말고 오직 모든 일에 기도와 간구로 너희 구할 것을 감사함으로 하나님께 아뢰라

(빌립보서 4장 6절)

제4단원 - 구원의 세 가지 단계

너희 속에 착한 일을 시작하신 이가 그리스도 예수의 날까지 이루실 줄을 우리가 확신하노라

(빌립보서 1장 6절)

제6단원 - 둘째 구절 / 다섯-다섯 원리

예수께서 나아와 일러 가라사대 하늘과 땅의 모든 권세를 내게 주셨으니 그러므로 너희는 가서 모든 족속으로 제자를 삼아 아버지와 아들과 성령의 이름으로 세례를 주고 내가 너희에게 분부한 모든 것을 가르쳐 지키게 하라 볼지어다 내가 세상 끝날까지 너희와 항상 함께 있으리라 하시니라

(마태복음 28장 18~20절)

고린도전서 2장 14절

시편 119편 11절

디모데후서 3장 16절

로마서 12장 4~5절

빌립보서 4장 6절

갈라디아서 5장 16절, 22~23절

마태복음 28장 18~20절

빌립보서 1장 6절